Staatsinstitut für Schulpädagogik
und Bildungsforschung
München

Aufmerksamkeitsgestörte, hyperaktive Kinder und Jugendliche im Unterricht

Margarete Imhof
Klaus Skrodzki
Marianne S. Urzinger

Redaktion: Elke Frey-Flügge

Auer Verlag GmbH

Erarbeitet im Auftrag des
Bayerischen Staatsministeriums für
Unterricht und Kultus

Herausgeber:
Staatsinstitut für Schulpädagogik und Bildungsforschung München

Anschrift:
Staatsinstitut für Schulpädagogik und Bildungsforschung
Abteilung Bildungsforschung
Arabellastraße 1
81925 München
Telefon (0 89) 92 14-23 75

Herstellung und Vertrieb:
Auer Verlag GmbH
Postfach 1152
86601 Donauwörth

Gedruckt auf umweltbewusst gefertigtem, chlorfrei gebleichtem
und alterungsbeständigem Papier.

6. Auflage. 2007
Nach den seit 2006 amtlich gültigen Regelungen der Rechtschreibung
© by Auer Verlag GmbH, Donauwörth
Alle Rechte vorbehalten
Das Werk und seine Teile sind urheberrechtlich geschützt. Jede Nutzung in anderen
als den gesetzlich zugelassenen Fällen bedarf der vorherigen schriftlichen Einwilligung
des Verlages. Hinweis zu § 52 a UrhG: Weder das Werk noch seine Teile dürfen ohne
eine solche Einwilligung eingescannt und in ein Netzwerk eingestellt werden.
Dies gilt auch für Intranets von Schulen und anderen Bildungseinrichtungen.
Gesamtherstellung: Ludwig Auer GmbH, Donauwörth
ISBN 978-3-403-0**3248**-9

www.auer-verlag.de

Inhaltsverzeichnis

Einleitung 6

Teil 1
Was ist das eigentlich: Aufmerksamkeitsstörung/Hyperaktivität? 8

1 **Protokoll einer Schulstunde** 8
2 **Häufig gestellte Fragen (1–20)** 9
2.1 Was ist eigentlich Hyperaktivität? 9
2.2 Wie zeigt sich das Syndrom Aufmerksamkeitsstörung in der Schule? .. 9
2.3 Wie sieht das Leistungsverhalten der Kinder und Jugendlichen aus? ... 10
2.4 Ist die Intelligenz dieser Kinder beeinträchtigt? 11
2.5 Wie sind die Kinder und Jugendlichen in der Schule sozial eingebunden? 11
2.6 Welche Ursachen liegen dieser Störung zugrunde? 11
2.7 Sind Mädchen und Jungen gleichermaßen von der Störung betroffen? . 12
2.8 Wie häufig kommt das Syndrom der Aufmerksamkeitsstörung vor? ... 12
2.9 Welche Erscheinungsformen sind bisher bekannt? 13
2.10 Sind hyperaktive Kinder häufig aggressiv? 13
2.11 Gibt es das Problem der Aufmerksamkeitsstörung in allen
 Altersgruppen? 13
2.12 Was kann ich tun, wenn ich den Verdacht habe, dass ein Kind
 aufmerksamkeitsgestört ist? 14
2.13 Wer stellt die Diagnose? 14
2.14 Was kann ich als Lehrer zur Diagnostik beitragen? 14
2.15 Welche Therapiemöglichkeiten gibt es? 15
2.16 Ist eine medikamentöse Therapie gefährlich? 15
2.17 Was müssen Lehrkräfte berücksichtigen, wenn sie wissen, dass ein Kind
 therapiert wird? 15
2.18 Welche weiterführende Schule kommt für diese Kinder in Betracht? .. 16
2.19 Welche Hilfen stehen für die Berufswahl zur Verfügung? 16
2.20 Können die Störungen völlig beseitigt werden? 17

Teil 2
Aufmerksamkeitsgestörte, hyperaktive Kinder und Jugendliche in der Schule . 18

1 **… so werden sie wahrgenommen** 18
1.1 … von den Lehrkräften: Von der pädagogischen Herausforderung zur
 Resignation 18
1.1.1 Auffälliges motorisches Verhalten 18

1.1.2	Probleme im feinmotorischen Bereich	19
1.1.3	Konzentrationsschwierigkeiten	20
1.1.4	Qualität der Arbeiten	20
1.1.5	Mangelhafte Problemlösestrategien	21
1.1.6	Schwierigkeiten im sprachlichen Bereich	21
1.1.7	Probleme in der Klassengemeinschaft	22
1.1.8	Lehrkräfte fühlen sich „genervt"	23
1.1.9	Situationsabhängigkeit des Verhaltens	23
1.2	... von den Klassenkameraden: Vom Helden zum Spielverderber	24
1.2.1	Bewunderung für den Klassenclown	24
1.2.2	Ablehnung	24
1.3	... von den eigenen Eltern: Vom Problemkind zum Schulproblem	25
1.3.1	Rückmeldungen aus der Schule und die Reaktion der Eltern	25
1.3.2	Der Kampf um die Hausaufgaben	25
1.4	... so erleben sie sich selbst: „Ich bin anders!"	26
1.4.1	Das Gefühl des „Andersseins"	26
1.4.2	Angst vor Misserfolgen	27
1.4.3	Unrealistische Selbsteinschätzung	27
2	**Allgemeine Hinweise für den Umgang mit aufmerksamkeitsgestörten, hyperaktiven Kindern**	**29**
3	**Prinzipien der Unterrichtsplanung und -gestaltung für aufmerksamkeitsgestörte, hyperaktive Kinder und Jugendliche**	**32**
3.1	Das tut allen gut! Planung des Unterrichts für die gesamte Klasse	32
3.1.1	Ritualisierte Abläufe	33
3.1.2	Rhythmisierung	34
3.1.3	Differenzierung im Unterricht	35
3.1.4	Differenzierung in Beurteilungssituationen	35
3.1.5	Lehrkräfte als Modell	36
3.1.6	Lernen mit allen Sinnen	36
3.1.7	Zusätzliche Reize	37
3.1.8	Handlungsorientierte Materialien	37
3.1.9	Material für die selbstständige Fehlerkontrolle	38
3.2	Das Sonderprogramm – spezielle Maßnahmen für das aufmerksamkeitsgestörte, hyperaktive Kind	38
3.2.1	Regeln	38
3.2.2	Bewegung	39
3.2.3	Strukturen	42
3.2.4	Strategien	45
3.2.5	Selbstständiges Kontrollieren	46
3.2.6	Selbstkontrolle	47
3.2.7	Rückmeldung – Lob	47

4	**Hausaufgaben**	48
4.1	In der Schule	48
4.2	Zu Hause	49
4.3	Hausaufgabenvereinbarung zwischen Schule und Eltern	50
5	**Außerunterrichtliche Aktivitäten**	52
6	**Das kooperative Netz**	54
6.1	Kooperation mit den Eltern	54
6.2	Kooperation innerhalb der Schule	56
6.3	Kooperation mit außerschulischen Stellen	58

Literatur zu Teil 1 und Teil 2 59

Teil 3
Krankheitsbild, Diagnostik, Therapie 61

1	**Krankheitsbild: Ursachen und altersspezifische Erscheinungsformen**	61
1.1	Ursachen des Syndroms	61
1.2	Altersspezifische Erscheinungsformen	64
2	**Diagnostik**	73
2.1	Diagnostische Klassifikationssysteme	73
2.2	Medizinische Diagnostik	75
2.3	Ausschlussdiagnostik	78
2.4	Die psychologische Diagnostik	79
2.5	Die Rolle von Lehrkräften bei der Diagnostik	80
3	**Therapie der Aufmerksamkeitsstörung/Hyperaktivität**	82
3.1	Medizinische Ansätze	84
3.1.1	Medikamente	84
3.1.2	Diät	85
3.2	Psychotherapeutische Ansätze	86
3.2.1	Wahrnehmungstraining	87
3.2.2	Selbstinstruktionstraining und Strategietraining	88
3.2.3	Programme zur Verhaltensmodifikation	89
3.2.4	Training des Sozialverhaltens	93
3.2.5	Stärkung der Selbstakzeptanz	94
3.2.6	Familienzentrierte Maßnahmen	96
3.2.7	Psychomotorische und ergotherapeutische Arbeit mit hyperaktiven Kindern	96
3.2.8	Therapeutische Sonderformen	100

Literatur zu Teil 3 101

Anhang 1–5 104

Einleitung

Häufig klagen Lehrerinnen und Lehrer über Kinder, die sie allzu viel Kraft und Nerven kosten, die unverhältnismäßig viel Energie abziehen und ihnen das Gefühl vermitteln, ständig pädagogisch zu versagen. Diese Kinder und Jugendlichen können alle Anstrengungen für einen wohlaufgebauten und effektiven Unterricht zunichte machen.
Verhaltensauffällig lautet die Diagnose, mit der diese Kinder und Jugendlichen belegt werden, oder hyperaktiv, unkonzentriert, aufmerksamkeitsgestört. Häufig werden sie aber auch ganz einfach als unerzogen und aggressiv abgetan. Selten werden allgemein schwierige Schüler und hyperaktive Schüler unterschieden. Diese Vermengung verkennt die Problematik und ist vor allem nicht geeignet, den Kindern, ihren Eltern und Lehrkräften wirksam zu helfen.
Wie auch immer sich Pädagogen dem Problem nähern, der Umgang mit diesen Kindern ist oft ein einziger Kampf, und Lehrerinnen und Lehrer brauchen Unterstützung für diese Arbeit. Aus diesem Grund hat das Staatsinstitut ein Video für die Lehreraus- und Fortbildung erarbeitet, das durch diese Handreichung ergänzt wird.[1]
Die Handreichung soll einen Beitrag dazu leisten, aufmerksamkeitsgestörten, hyperaktiven Kindern und Jugendlichen in der Schule gerecht zu werden. Sie soll Informationen, die es in Hülle und Fülle gibt, für die Schule aufbereiten, soll Lehrerinnen und Lehrer auf der Suche nach praktizierbaren Unterrichtsprinzipien unterstützen und die Notwendigkeit der Zusammenarbeit zwischen Schule, Eltern, Ärzten und Therapeuten betonen.
Das Buch setzt sich aus drei Teilen zusammen, die nicht notwendigerweise zusammenhängend gelesen werden müssen:
Im ersten Teil – „Was ist das eigentlich: Aufmerksamkeitsstörungen/Hyperaktivität?" – werden gängige Fragen im Zusammenhang mit Hyperaktivität relativ knapp beantwortet. Damit erlangt man einen allgemeinen Überblick über die Thematik.
Der zweite Teil ist der Situation in der Schule gewidmet. Hier findet man Hinweise, wie man in der Schule sowohl aufmerksamkeitsgestörten, hyperaktiven Kindern und Jugendlichen als auch der gesamten Klasse und sich selbst als Lehrer gerecht werden kann. Es handelt sich um eine Sammlung erprobter pädagogischer Maßnahmen, die selbstverständlich persönlichen Konzepten und der entsprechenden Situation angepasst werden müssen. Sie sind nicht als Rezepte zu verstehen, sondern als Denkanstoß.
Wer sich intensiver mit Fragen zum Krankheitsbild, zur Diagnostik und Therapie auseinander setzen möchte, wird auf den dritten Teil verwiesen.

---

1 Aufmerksamkeitsgestörte, hyperaktive Kinder im Unterricht [Video]. Staatsinstitut für Schulpädagogik und Bildungsforschung/Stadtbildstelle Nürnberg 1998.

Im Anhang finden sich Hinweise zu weiterführender Literatur und Adressen, die für die Arbeit mit aufmerksamkeitsgestörten, hyperaktiven Kindern und Jugendlichen von Bedeutung sein können.

Die Handreichung ist als Gemeinschaftswerk entstanden, deshalb werden die Autorinnen und der Autor auch nicht je einem Kapitel zugeordnet. Dennoch liegt die Zuständigkeit für fachspezifische Aussagen verständlicherweise bei den Fachfrauen bzw. dem Fachmann. Zielgruppe der Handreichung sind Lehrerinnen und Lehrer[2] aller Schularten sowie Studierende für die Lehrämter.

Das Staatsinstitut, die Autoren der Handreichung und die Hersteller des Videos bedanken sich an dieser Stelle bei den Eltern und Lehrerinnen, die es trotz großer persönlicher Belastung ermöglicht haben, dass das Video gedreht werden konnte. Der Dank gilt darüber hinaus all jenen Lehrerinnen und Lehrern, aus deren Schulalltag die verschiedenen Beispiele stammen.

Die Handreichung ist Alex, Emanuel, Franz und Sascha gewidmet, stellvertretend für alle Kinder, die gleichartige Probleme haben, wie sie uns in besagtem Video drastisch vor Augen geführt werden.

Elke Frey-Flügge

---

2 Unter Lehrerinnen und Lehrern werden alle Personen zusammengefasst, die in Schulen und angegliederten Einrichtungen mit Kindern und Jugendlichen arbeiten.

Teil 1
Was ist das eigentlich:
Aufmerksamkeitsstörung/Hyperaktivität?

1 Protokoll einer Schulstunde

Protokoll einer Schulstunde

Vor Beginn der zweiten Schulstunde beklagen sich einige Schüler der Klasse über Thomas, er würde ihnen die Mütze herunterreißen.

8.50 Uhr:	Thomas dreht sich verkehrt herum und schreit laut.
8.51 Uhr:	Er rutscht auf seinem und dem freien Nachbarstuhl hin und her, steht auf und schiebt die Stühle wie Kinderwagen vor sich her.
8.52 Uhr:	Er spannt einen Gummi zwischen beide Hände und spielt damit.
8.53 Uhr:	Er ruft grundlos den Namen eines Mädchens.
8.55 Uhr:	Er legt sich auf den Tisch.
8.56 Uhr:	Er spielt wieder mit dem Gummiring und zielt auf Kinder. Nach einer Mahnung, den Gummi herzugeben, schiebt er ihn in den Ranzen.
8.58 Uhr:	Thomas steht auf und schlägt um sich. Er zieht Grimassen dazu.
8.59 Uhr:	Er durchwühlt grundlos seinen Ranzen.
9.10 Uhr:	Er steht auf und schlägt Charlotte.
9.15 Uhr:	Thomas fällt vom Stuhl.
9.22 Uhr:	Thomas schlägt Anna ohne ersichtlichen Grund, rennt im Klassenzimmer herum und wischt Tische ab.
9.25 Uhr:	Er schlägt mit Fäusten auf Markus, rauft mit ihm.
9.27 Uhr:	Thomas schiebt seinen Tisch den vor ihm sitzenden Kindern in den Rücken, dann zieht er seine Knie zwischen Stuhl und Tischkante hoch und beginnt zu schaukeln.
9.30 Uhr:	Er legt die Beine auf den Stuhlrücken, dreht der Tafel den Rücken zu.
9.32 Uhr:	Thomas steht auf und schreit plötzlich: „Superman."
9.34 Uhr:	Thomas zieht Grimassen und legt sich auf seinen Tisch.
9.35 Uhr:	Ende des Protokolls und der Stunde.

Sie alle kennen ähnliche Situationen. Wahrscheinlich ordnen Sie dieses Beispiel unter „typisch hyperaktiv" ein.

2 Häufig gestellte Fragen (1–20)

2.1 Was ist eigentlich Hyperaktivität?

Hyperaktivität und das Hyperkinetische Syndrom sind medizinische Krankheitsbegriffe. Diese Namen führen allerdings in die Irre. Es handelt sich vielmehr um eine Störung der Aufmerksamkeit mit überschießender Impulsivität und oft extremer Unruhe.

Als Folge findet man verstärktes Störverhalten, unsystematische und langsame Aufgabenlösung, Ablenkbarkeit und geringe Frustrationstoleranz. Nicht jedes „hyperaktive" Kind muss dauernd zappeln, aber alle Kinder fallen aus dem Rahmen sowohl in der Schule als auch im häuslichen Umfeld. Meist ist ihr Verhalten störend und bereitet Eltern, Erziehern und nicht zuletzt den Kindern und Jugendlichen selbst erhebliche Schwierigkeiten.

Es gibt verschiedene Bezeichnungen für diese Störung:
- Minimale cerebrale Dysfunktion (MCD) war früher die häufigste Bezeichnung.
- Inzwischen hat sich in Deutschland die Bezeichnung Hyperkinetisches Syndrom durchgesetzt.
- In der Schweiz spricht man vom frühkindlichen psychoorganischen Syndrom (POS).
- Weitere Begriffe, die jedoch nur Teilaspekte der Störung abdecken, sind partielle Hirnreifungsstörung, frühkindlicher Hirnschaden oder leichte Hirnfunktionsstörung.

Die derzeit gültigen Bezeichnungen, die auch in den USA und bei der Weltgesundheitsorganisation (WHO) gebräuchlich sind, lauten:
- Aufmerksamkeits-Defizit-Hyperaktivitäts-Störung (ADHS),
- Aufmerksamkeitsstörung mit/ohne Hyperaktivität (ADHD +/–; aus dem Englischen: attention deficit hyperactivity disorder).

2.2 Wie zeigt sich das Syndrom Aufmerksamkeitsstörung in der Schule?

Allgemeine Kennzeichen dieser Kinder sind:
- Unruhe/Hyperaktivität/Impulsivität: macht ständig ungezielte Bewegungen, hat Probleme still zu sitzen, zu warten und sich zu melden, spricht ununterbrochen, macht Geräusche,
- Aufmerksamkeitsstörung: ist leicht ablenkbar, hört Anweisungen nur halb, hat Schwierigkeiten, aufmerksam zu bleiben, springt von einer Aktivität zur anderen, führt nichts zu Ende, spielt selten still, hört oft nicht zu, verliert Dinge, sieht Gefahren nicht,
- Selbststimulierung: kratzt sich, nestelt in den Haaren, bohrt in der Nase, beklopft sich, bewegt sich hektisch und unkoordiniert, fasst alles an,
- Steuerungs- und Koordinationsschwäche: hat häufig gestörte Feinmotorik, schlechtes Schriftbild, zeigt unrhythmische Bewegungen, unkontrollierten Krafteinsatz,

– störendes Sozialverhalten: unterbricht andere, spricht oder schreit hinein, wartet nicht, bis es an der Reihe ist, handelt, bevor es die Anweisung genau gehört und verstanden hat, provoziert durch ständiges Sprechen und Ärgern, äußert sich oft unabsichtlich aggressiv und beleidigend, ohne vorher zu überlegen.

2.3 Wie sieht das Leistungsverhalten der Kinder und Jugendlichen aus?

Wenn gerade die Motivation für eine Aufgabe vorhanden ist, können die Kinder und Jugendlichen ausgezeichnete Leistungen erbringen. Aufgrund der kurzen Aufmerksamkeitsspanne tun sie sich jedoch schwer mit Aufgaben, die einen längeren zeitlichen Rahmen beanspruchen. Insbesondere solche Aufgaben, bei denen viel Information im aktuellen Arbeitsgedächtnis zu behalten ist, gelingen nicht so gut. Typisch ist auch ein Absacken des Leistungsbildes im Laufe einer längeren Aufgabe oder am späten Vormittag. Schwierig für diese Kinder sind eigenständige Kontrollschritte, z. B. Lösungen nochmals zu überprüfen. Dazu müssen die Kinder direkt und konkret angehalten werden.

Das Arbeitsverhalten unterliegt zudem starken Schwankungen: Einmal liefert das Kind eine brauchbare Arbeit ab und versagt bei einer vergleichbaren Aufgabenstellung beim nächsten Mal. Diese Beobachtungen können zu dem falschen Schluss verleiten: „Er/sie kann doch, wenn er/sie will!"

Auch in der Motivation und Anstrengungsbereitschaft ist mit starken Schwankungen zu rechnen. Misserfolge schwächen die Motivation zusätzlich, sodass bestimmte Aufgaben gemieden werden. Dieses Phänomen ist auf Mängel in der Fähigkeit, sich selbst zu steuern und mit Frustrationen umzugehen, zurückzuführen.

Zusätzlich zur Aufmerksamkeitsstörung liegen häufig weitere Teilleistungsstörungen vor. Hier sind insbesondere Störungen der visuellen oder akustischen Wahrnehmungsdifferenzierung und der Steuerung der Feinmotorik zu nennen. Die Folge sind Schwierigkeiten in der Graphomotorik, was sich in einem unregelmäßigen, schlechten Schriftbild äußert. Besonders schwerwiegend sind Lese-Rechtschreib-Schwäche und Rechenschwäche, insbesondere wenn sie kombiniert auftreten.

Eine Stärke dieser Kinder ist oftmals ihre Kreativität und die Fähigkeit, originelle Lösungen zu produzieren. Sie fallen auf durch fantastische Geschichten (die gelegentlich als Lügen interpretiert werden), besonders blumige Aufsätze (leider oft kaum lesbar), technische Konstruktionen (die meist nicht fertig werden) und eine besondere Farbwahl. Viele haben einen besonderen Sprachwitz (der allerdings zur Unzeit stört), sie können Situationen treffend charakterisieren (und da sie damit ungesteuert herausplatzen, für Peinlichkeiten sorgen), sie können musisch begabt sein (aber sind nicht zum Üben zu bewegen) und spielen überzeugend Theater (wenn sie es schaffen, pünktlich zu sein und sich an die Rolle zu halten).

Diese Art der Kreativität wird allerdings von Lehrerinnen und Lehrern oder von Klassenkameraden nicht immer geschätzt, weil sie oft deren Erwartungen und Vorstellungen nicht entsprechen (bei diesen Kindern muss alles immer anders, extravagant sein).

2.4 Ist die Intelligenz dieser Kinder beeinträchtigt?

Die Spannbreite der Begabungen dieser Kinder und Jugendlichen entspricht der von Kindern ohne Aufmerksamkeitsstörungen. Meistens können sie jedoch wegen der oben genannten Beeinträchtigungen ihr Leistungspotenzial nicht ausschöpfen und erzielen deshalb nicht die eigentlich möglichen bzw. geforderten Leistungen.

2.5 Wie sind die Kinder und Jugendlichen in der Schule sozial eingebunden?

Aufmerksamkeitsgestörte, hyperaktive Kinder und Jugendliche nehmen schnell Kontakt zu anderen Menschen auf, gehen gezielt auf Neue und Neues zu und überzeugen durch Charme, Witz und Unkonventionalität. Fremde sind von ihnen auf den ersten Blick angetan. Schnell aber nerven sie die anderen mit ihrem übermäßigen und totalen Anspruch, ihrer Unmäßigkeit im Geben und Nehmen. Ihre Sprunghaftigkeit verunsichert und die fehlende Einsicht von Spielregeln zerstört beginnende Freundschaften schnell. Sie erkennen oft nonverbale Signale und Körpersprache nicht und reagieren nicht entsprechend, was bei den anderen Kindern zu Irritationen führen kann. Sie wollen stets der „Chef" sein. So schnell wie ihre Neigungen wechseln manchmal auch die Zuneigungen und sie sind nicht in der Lage, Freundschaften zu pflegen und zu erhalten.

Durch Clownverhalten und fehlende Anpassung werden die meisten schnell zu Außenseitern. Wenn dann noch Leistungsversagen und Ablehnung durch den Lehrer hinzukommen, finden sie keinen Rückhalt in der Klassengemeinschaft und werden isoliert.

Diese Kinder und Jugendlichen sind extrem abhängig von persönlichen Beziehungen. Sie suchen häufig eine Person zum Anlehnen und als Führer – das kann auch die Lehrerin oder der Lehrer sein. Dadurch erscheinen sie besonders anspruchsvoll und binden Aufmerksamkeit und viel Zeit der Lehrkräfte. Sie beanspruchen diese auch emotional sehr stark: Bei Zuneigung und gutem Verhältnis suchen sie immer wieder Nähe, Extragespräche und besondere Zuwendung. Bei Abneigung provozieren und fordern sie die Lehrer ständig heraus. Dies geschieht oft gar nicht absichtlich, aber ihr Verhalten wirkt immer auffällig und extrem, da sie keine Anpassung kennen. Sie leiden unter der Zurechtweisung kurz und heftig oder aber überhaupt nicht, weil sie diese gar nicht registrieren. Nachtragend sind sie jedoch nie. Die Beziehung ist sowohl im positiven wie auch negativen Sinn immer sehr intensiv und höchst emotional.

2.6 Welche Ursachen liegen dieser Störung zugrunde?

Die Ursachen für Aufmerksamkeitsstörung/Hyperaktivität sind wissenschaftlich noch nicht endgültig geklärt. Mit Sicherheit handelt es sich jedoch nicht um die Folge falscher Erziehung, sondern um eine angeborene, selten erworbene, meist genetisch bedingte Störung der Selbstkontrolle. Gegenwärtig werden mehrere Faktoren diskutiert, die zusammenwirken können (vgl. Teil 3 Kapitel 1).

Durch äußere Gegebenheiten können die Symptome der Aufmerksamkeitsstörung/Hyperaktivität verstärkt werden, z.B. durch enge Wohnverhältnisse, ungünstiges Erzieherverhalten (mangelnde Konsequenz, unterschiedliche Reaktionen bei Vater und Mutter, fehlende Regeln), hektische Umwelt (Lärm, fehlende oder nicht durchschaubare Strukturen), geringe Bewegungsmöglichkeiten, Zeitdruck.

2.7 Sind Mädchen und Jungen gleichermaßen von der Störung betroffen?

In der Literatur wird stets darauf verwiesen, dass Hyperaktivität häufiger bei Jungen vorkommt. Auf ein hyperaktives Mädchen kommen drei bis sechs Jungen. Allerdings kommt diese Quote auch dadurch zustande, weil Mädchen seltener wirklich hyperaktiv (zappelig) sind und die reine Aufmerksamkeitsstörung an sich schwer zu diagnostizieren ist. Die Aufmerksamkeitsstörung bei Mädchen ist selten mit überschießender motorischer Unruhe verbunden. Von daher fallen Mädchen weniger auf und kommen seltener in Beratung und Therapie (vgl. *Nadeau* 1996; *Friedmann* 1996).

2.8 Wie häufig kommt das Syndrom der Aufmerksamkeitsstörung vor?

Untersuchungen über die Häufigkeit von Aufmerksamkeitsstörungen berichten zumeist, dass zwischen drei und zehn Prozent aller Kinder davon betroffen sind, im Schnitt ca. fünf Prozent (vgl. *Heiduk & Trott* 1998). Die Prozentsätze unterscheiden sich geringfügig, je nach dem, wie die Untersuchungsstichprobe erhoben wurde, bzw. welche Definition von Aufmerksamkeitsstörung zugrunde gelegt wurde. Bemerkenswert ist jedoch, dass in verschiedenen Ländern vergleichbar hohe Quoten gefunden wurden. Die Zahl der aufmerksamkeitsgestörten, hyperaktiven Kinder ist auf jeden Fall so hoch, dass es wohl kaum eine Schulklasse ohne mindestens ein betroffenes Kind gibt.

Die Aufmerksamkeitsstörung ist auch keine moderne Zivilisationskrankheit. Erste, zwar anekdotische, aber dennoch deutliche Beschreibungen finden sich im *Struwwelpeter* (1848) von *Heinrich Hoffmann* (Nervenarzt in Frankfurt). Ein deutscher Badearzt – *Scherpff* – lieferte 1888 eine gute Beschreibung unter dem Begriff „das impulsive Irresein als häufigste Seelenstörung im Kindesalter". *Still*, ein englischer Kinderarzt, beschrieb 1902 in drei Vorlesungen einen Defekt in der moralischen Kontrolle bei Kindern („defect of moral control in children"). Es handelt sich bei dieser Störung auch keineswegs nur um ein Erscheinungsbild in unseren westlichen Ländern, vielmehr wird weltweit über dieses Problem geforscht, geschrieben und über Hilfen nachgedacht.

2.9 Welche Erscheinungsformen sind bisher bekannt?

Dem Diagnostischen und Statistischen Manual Psychischer Störungen (DSM-IV)[3] zufolge gibt es drei Untergruppen der Störung:
a) vorwiegend hyperaktiv-impulsiv: „Zappler" (im Film Emanuel),
b) vorwiegend aufmerksamkeitsgestört: „Träumer" oder auch „Mädchen-Typ" (im Film Franz),
c) Misch-Typ: aufmerksamkeitsgestört und hyperaktiv (im Film Alexander).

Alle drei Gruppen entwickeln soziale Störungen als Folge ihrer Probleme. Bei manchen Kindern besteht zusätzlich ein oppositionelles und/oder dissoziales Verhalten[4], das sich im Widersetzen gegen jede Führung zeigt (im Film Sascha) und in der Kombination mit Hyperaktivität zu erheblichen Aggressionen führt.

2.10 Sind hyperaktive Kinder häufig aggressiv?

Hyperaktive Kinder erscheinen durch ihr impulsives Verhalten häufig aggressiv. Auf kleine Irritationen reagieren sie oft mit einer Überschussreaktion, die von Gleichaltrigen oder Erwachsenen nicht verstanden und daher als aggressives Verhalten eingestuft wird. Auslöser dieser Überreaktionen sind z. T. Störungen aus dem Bereich der Wahrnehmung. Häufig haben die Kinder Schwierigkeiten, Mimik und Gestik von anderen Personen angemessen zu interpretieren, sie fühlen sich schnell bedroht und provoziert und schießen mit ihrer Reaktion über das Ziel hinaus. Aggressive Verhaltensweisen entstehen möglicherweise aber auch aus den ständigen Frustrationen heraus, die die Kinder in allen möglichen Bereichen erleben: Sie sehen, dass sie im Leistungsbereich mit den anderen nicht mithalten können, sie werden selten gelobt, aber ständig kritisiert, sie trauen sich nichts zu, manche sind sprachlich weniger geschickt. So finden sie in aggressiven Verhaltensweisen die beste Möglichkeit, sich durchzusetzen und auf sich aufmerksam zu machen.

2.11 Gibt es das Problem der Aufmerksamkeitsstörung in allen Altersgruppen?

In der Tat ist das Problem der Aufmerksamkeitsstörung in allen Altersgruppen anzutreffen. Die Ansicht, dass sich Aufmerksamkeitsstörungen im Laufe der Pubertät „auswachsen", ist in den meisten Fällen falsch. Es verschieben sich jedoch oft die Erscheinungsweisen. In der Pubertät verliert sich die überschießende Motorik meist und macht einer gewissen Passivität Platz. Auch bei jungen Erwachsenen bleibt das Problem bestehen. Allerdings sind Kinder und Jugendliche durch Aufmerksamkeitsstörungen am meisten beeinträchtigt, solange sie in die Schule gehen und dort mit relativ starren und restriktiven Anforderungen konfrontiert werden.

---

3 American Psychiatric Association (Hrsg.) (1998): Diagnostisches und Statistisches Manual Psychischer Störungen DSM-IV. Göttingen: Hogrefe.
4 Engl. Conduct Disorder

Außerhalb der Schule ist es eher möglich, den Kontext so zu verändern, dass man leichter mit den Schwierigkeiten umgehen kann. Durch eine entsprechende Berufswahl und/oder geeignete Freizeitgestaltung können Konfrontationen mit anderen zum Teil vermieden werden (vgl. Teil 3 Kapitel 1).

2.12 Was kann ich tun, wenn ich den Verdacht habe, dass ein Kind aufmerksamkeitsgestört ist?

Wenn der Verdacht aufkommt, dass ein Kind aufmerksamkeitsgestört, hyperaktiv sein könnte, sind folgende Schritte sinnvoll:
– differenzierte Beobachtung und Beschreibung des Verhaltens (Gibt es aktuell kritische Ereignisse, die Ursache des Verhaltens sein können? Wann treten die Aufmerksamkeitsstörungen auf, zu welcher Tageszeit, an welchen Wochentagen, in welchen Unterrichtsfächern, bei welchen Unterrichtsformen oder Personen?),
– Aufzeichnung dieser Beobachtungen, um mögliche Veränderungen oder Verläufe zu dokumentieren,
– Gespräche mit Kolleginnen und Kollegen, um bereits vorliegende Informationen zu erhalten,
– Kontakt zu den Eltern, um herauszufinden, ob die Probleme des Kindes auch zu Hause auftreten oder sich auf die Schule beschränken,
– die Eltern fragen, ob sie eine Erklärung für das Verhalten ihres Kindes haben.

Wichtig ist, dass sich Lehrkräfte nicht zu einer Diagnose hinreißen lassen, sondern bei einer Beschreibung der beobachteten Einzelheiten bleiben. Eine Diagnose erfordert stets eine umfassende Untersuchung, sie ist nicht Aufgabe der Schule.

2.13 Wer stellt die Diagnose?

Die sachgerechte Diagnose über eine Aufmerksamkeitsstörung liegt in der Verantwortung von Fachleuten: Kinder- und Jugendärzten, Kinder- und Jugendpsychiatern in Zusammenarbeit mit Psychologen.
Damit wird die Verantwortung der Schule für das Kind nicht nach außen abgeschoben, vielmehr erwächst die Notwendigkeit – zum Wohle des Kindes und der eigenen Absicherung –, mit diesen Fachleuten zu kooperieren.

2.14 Was kann ich als Lehrer zur Diagnostik beitragen?

Die Beobachtungen der Lehrerin und des Lehrers können Anlass zu einer Untersuchung des Kindes sein. Darüber hinaus können Lehrerinnen und Lehrer wichtige zusätzliche Hinweise über die Ausprägung der Symptomatik geben. Kinder mit Aufmerksamkeitsstörungen zeigen in einer Untersuchungs- oder Testsituation, in der sie mit einem Berater allein sind, die Verhaltensauffälligkeiten meist nicht in dem Maße, wie sie tagtäglich in der Schule zu beobachten sind. Häufig sind sie sogar

in der Testsituation ausgesprochen gut: „Da hat sich heute eine Frau zwei Stunden ganz allein mit mir beschäftigt und Spiele gemacht. Das hat richtig Spaß gemacht."
Zur Information für den diagnostizierenden Arzt oder Psychologen ist neben dem Gespräch auch eine möglichst differenzierte Aufzeichnung über das Verhalten hilfreich, ebenso wie die Bearbeitung eines dafür vorgesehenen Beobachtungsbogens (vgl. Anhang 1).
Die Beobachtungen in der Schule dienen schließlich auch der Überprüfung der Wirksamkeit von therapeutischen Maßnahmen. Alle Interventionen, sei es durch Medikamente oder psychotherapeutische Verfahren, sollen ja zu einer Verbesserung der Situation in der Schule führen. Ohne die Hilfe der beteiligten Lehrkräfte lässt sich ein Therapieerfolg nicht einschätzen.

2.15 Welche Therapiemöglichkeiten gibt es?

Abhängig von Umfang und Erscheinungsbild der Störung kommen medizinische und psychologische Therapien und Interventionen infrage (vgl. Teil 3 Kapitel 2). Wo die einzelne Therapie ansetzt, muss individuell entschieden werden: Es kann beim Kind, bei den Eltern oder in der Schule sein. In den meisten Fällen wird es auf die Zusammenarbeit aller Beteiligten ankommen. Bei der Frage nach der Therapie spielen auch äußere Umstände eine Rolle, z. B. die Verfügbarkeit von Therapeuten vor Ort, die Entfernungen zu einschlägigen Einrichtungen.

2.16 Ist eine medikamentöse Therapie gefährlich?

Nach sorgfältiger Diagnosestellung und genauer Aufklärung der Betreuenden ist die medikamentöse Therapie zuverlässig, sicher, sehr wirksam und ungefährlich. Die Nebenwirkungen sind gering und bei der Schwere der Störung zu vernachlässigen. Langzeitnebenwirkungen oder Abhängigkeiten sind nicht bekannt.
Die besten Erfolge erzielt eine medikamentöse Therapie, wenn sie in ein Gesamtbehandlungskonzept eingebettet ist (vgl. Teil 3 Kapitel 3).
Die Dauer der Therapie ist abhängig vom Ausmaß der Störung und dem Entwicklungsgang des Kindes und Jugendlichen. Bei guter Unterstützung und günstigem Verlauf kommen viele Betroffene später ohne eine weitere medizinische Hilfe aus. Ein kleinerer Anteil benötigt auch im Adoleszenzalter und, wie man heute weiß, auch im Erwachsenenalter weiterhin medizinische und medikamentöse Betreuung.

2.17 Was müssen Lehrkräfte berücksichtigen, wenn sie wissen, dass ein Kind therapiert wird?

In der Regel ist die therapeutische Behandlung eines Kindes kein öffentliches Thema. Lehrkräfte unterliegen hier der Schweigepflicht. Es versteht sich von selbst, dass die Kinder nicht vor anderen bloßgestellt werden dürfen. Ebenso sind Kom-

mentare, die sich auf die Therapie beziehen, zu vermeiden. Für Lehrerinnen und Lehrer sind folgende Punkte wichtig:
- enge Kooperation mit den Eltern (Vertrauensverhältnis aufbauen),
- Einwilligung der Eltern einholen, um mit Therapeuten Kontakt aufnehmen zu dürfen (diese Absprachen müssen schriftlich erfolgen und zu den Akten genommen werden; Datenschutz!),
- eventuelle Thematisierung der therapeutischen Behandlung in der Klasse, z. B. vor Klassenfahrten oder wenn das Kind sich an eine bestimmte Diät halten muss (hierüber muss zuvor auch mit dem betroffenen Kind eine Einigung erzielt werden),
- regelmäßige Medikamenteneinnahme unterstützen, wenn dies erforderlich ist.

2.18 Welche weiterführende Schule kommt für diese Kinder in Betracht?

Kinder mit Aufmerksamkeitsstörungen können jede Schulart wählen, die ihrer Begabung entspricht. Die Symptome treten unabhängig von der Schulart auf, d. h. eine Schulart, die weniger fordert, auszuwählen, bringt keine Erleichterung. Wichtig ist vielmehr, dass das Kind und seine Lehrerinnen und Lehrer geeignete Strategien erwerben, um mit den Aufmerksamkeitsstörungen so umzugehen, dass Lernen dennoch möglich wird. Für jede Schule ist die Anwesenheit dieser Kinder allerdings eine Herausforderung, die pädagogisch bewältigt werden muss.

2.19 Welche Hilfen stehen für die Berufswahl zur Verfügung?

Grundsätzlich können aufmerksamkeitsgestörte, hyperaktive Jugendliche jeden Beruf ergreifen, für den sie sich interessieren und für den sie die schulischen Voraussetzungen mitbringen. Voraussetzung ist jedoch, dass die Ausbildungsstelle bereit ist, Hilfen zu gewähren und Geduld und Nachsicht zu üben.
Aufgabenstellung und Anleitung müssen deutlich und öfter als üblich erfolgen, selbstständige Strukturierung, Zeiteinteilung und Organisation dürfen nicht erwartet werden. Oft ist eine umfangreiche Anleitung notwendig, und insbesondere zusätzliche Hilfen für die theoretische Lernarbeit.
Häufig sind handwerkliche Berufe günstig, viele Betroffene haben auch gute verkäuferische Fähigkeiten. Sie sind häufig sehr kreativ und können im Bereich Design, Werbung und Präsentation erfolgreich sein. Reine Schreibtisch-, Verwaltungs- und Ordnungsaufgaben erscheinen dagegen weniger geeignet.
Es gibt inzwischen eine Reihe von Hilfen, die den Einstieg in den Beruf erleichtern. In den Arbeitsämtern sind Rehabilitationsberater auf die Beratung und Vermittlung von Jugendlichen mit besonderen Problemen spezialisiert, außerdem können manche Spezialambulanzen der Kliniken weitere Informationen erteilen (vgl. Teil 3 Kapitel 1.2).

2.20 Können die Störungen völlig beseitigt werden?

Aufmerksamkeitsstörungen mit oder ohne Hyperaktivität sind nach heutigem Wissensstand nicht heilbar. Das Erscheinungsbild und die Ausprägungen ändern sich jedoch im Laufe der Entwicklung. Umwelt und Schule können dem Kind und Jugendlichen helfen, das Leben zu meistern und zu organisieren und die vorhandenen Fähigkeiten zu fördern. Die Schule kann dazu beitragen, Selbstständigkeit zu entwickeln, auf Gefahren des Lebens vorbereiten und präventiv arbeiten (Suchtproblematik).

In der Vergangenheit war man der Ansicht, dass sich die Störungen nach der Pubertät geben. Das Problem „Hyperaktivität" wird kleiner und verschwindet oft, Aufmerksamkeitsstörung, Motivationsschwäche, mangelnde Ausdauer dagegen bleiben meist weiter bestehen. Das Problem der sozialen Anpassung macht für viele das Leben ausgesprochen schwierig. Heute geht man davon aus, dass Aufmerksamkeitsstörung (ADHS+/-) eine Krankheit ist, die es auch im Erwachsenenalter gibt.

(Die Literaturangaben zu Teil 1 und 2 finden Sie im Anschluss an Teil 2 Kapitel 6.3)

Teil 2
Aufmerksamkeitsgestörte, hyperaktive Kinder und Jugendliche in der Schule

1 ... so werden sie wahrgenommen

Aufmerksamkeitsgestörte, hyperaktive Kinder und Jugendliche haben grundsätzlich in mehreren Bereichen große Probleme: Sie haben typischerweise Schwierigkeiten im Bereich der Selbstkontrolle, bei der motorischen Koordination und Konzentration. Sie sind leicht ablenkbar, es werden ihnen mangelnde soziale Fähigkeiten, erhöhte Aggressivität und emotionale Labilität nachgesagt. Was sich hinter diesen Begriffen verbirgt, soll im Einzelnen aus der Sicht der verschiedenen Beteiligten veranschaulicht werden.

1.1 ... von den Lehrkräften: Von der pädagogischen Herausforderung zur Resignation

1.1.1 Auffälliges motorisches Verhalten

Das nach außen hin auffälligste Verhalten von Kindern mit Aufmerksamkeitsstörungen ist häufig eine ungewöhnlich hohe motorische Aktivität und Unruhe. Zwei Formen dieser Unruhe lassen sich beobachten: zum einen das ständig zappelige Kind, das nicht auf seinem Platz sitzen bleiben kann, das aufsteht, in abenteuerlichen Positionen mit dem Stuhl schaukelt, auf dem Stuhl kniet, halb über dem Tisch liegt, scheinbar unmotiviert durch das Klassenzimmer läuft oder rennt, irgendetwas zum Papierkorb trägt, schier endlos den Bleistift anspitzt und nebenher noch mit dem Lineal gefährlich in der Nähe des Banknachbarn „herumfuchtelt"; zum anderen das Kind, das erst im Laufe eines Schulvormittags eine allmähliche Zunahme von sinnlosen, sich ständig wiederholenden Bewegungen mit Händen oder Beinen und Füßen zeigt. Die motorische Unruhe fällt besonders in solchen Situationen auf, in denen die Kinder aus irgendeinem Grund warten müssen.
Trotz des hohen körperlichen Aktivitätsniveaus sind aufmerksamkeitsgestörte, hyperaktive Kinder keineswegs motorisch geschickt. Ihre Bewegungen sind oftmals eckig und steif. Ihre Körperbeherrschung ist weniger ausgeprägt als bei anderen Kindern. Im Sportunterricht kann man beobachten, dass die Kinder Schwierigkeiten haben, Krafteinsatz und Tempo ihrer Bewegungen ohne äußere Hilfe zu kontrollieren. Laufen geht entweder schnell oder gar nicht. Oftmals lassen sich bei routinemäßigen Bewegungen unnötige Mitbewegungen beobachten. So gehen etwa beim Schreiben die Füße oder die freie Hand mit.

1.1.2 Probleme im feinmotorischen Bereich

Im feinmotorischen Bereich hat das Kind größere Schwierigkeiten als andere Schüler. Dies äußert sich insbesondere in der Handschrift. Zeilen werden nicht eingehalten, die Regeln des Schreibablaufes nicht beachtet und häufig wird beim Schreiben zu starker Druck aufgewendet. Die Handschrift wirkt daher oft sehr ungelenk, bisweilen sind die Buchstaben unregelmäßig, krakelig und die Wörter kaum leserlich.

Beispiel: Joachim, 12 Jahre

Für die Kinder selbst ist der motorische Vorgang des Schreibens eine Qual und mit großer Anstrengung verbunden: Der Stift wird verkrampft gehalten, die Hand ist schweißnass und die Buchstaben werden ins Papier eingekerbt. Ihre Schrift gefällt ihnen auch nicht, aber es geht nicht besser. Und wenn sie einmal ein paar gute Zeilen zu Papier bringen, ernten sie kein Lob, sondern nur Tadel: „Siehst du, du könntest ja, wenn du nur wolltest." Die Ränder der Hefte sind bekritzelt, Löcher hineinradiert, falsche Wörter so durchgestrichen, dass der Abdruck noch drei Seiten weiter hinten zu sehen ist. Viele Seiten sind nur zum Teil beschrieben, neue Seiten werden ohne ersichtlichen Grund einfach begonnen, leere oder beschriebene Seiten werden herausgerissen oder das Heft wird von hinten – natürlich verkehrt herum – neu angefangen.

Da aber das Erlernen einer „schönen"[5] Handschrift in der Schule, zumindest in den Anfangsjahren, einen hohen Stellenwert besitzt, ist es den Kindern mit Aufmerksamkeitsstörungen fast unmöglich, auf diesem Gebiet ein Erfolgserlebnis zu erzielen. Und selbst wenn sie einmal nur wenige Fehler im Diktat machen, heißt es: „..., aber die Schrift müsste noch verbessert werden."

1.1.3 Konzentrationsschwierigkeiten

Neben der motorischen Ungeschicklichkeit fällt die mangelnde Konzentrationsfähigkeit der Kinder auf. Die Kinder haben Schwierigkeiten, bei einer Aufgabe zu bleiben; ihre Blicke scheinen sich ständig an etwas anderes zu heften; sie sehen alles, was bei den anderen Kindern geschieht; eine angefangene Aufgabe wird immer wieder unterbrochen und oft gar nicht zu Ende geführt, weil neue Reize ins Auge springen. Alles Mögliche kann zur Ablenkung werden, die Fliege im Raum oder das vorbeifahrende Auto. Weder die Abschirmung von Störungen noch die Aufrechterhaltung von Konzentration über eine längere Zeit gelingt (vgl. *D. Berg* 1987; *Imhof* 1995b). Wichtige Signale, z. B. die Stimme des Lehrers oder eines Mitschülers, können nicht von unwichtigen Geräuschen unterschieden werden, z. B. das Klappern des Lineals, das dem Banknachbarn heruntergefallen ist.

> Thomas (2. Kl.) arbeitet ausnahmsweise ebenso still wie die anderen Kinder. Die Lehrerin achtet darauf, ob eines der Kinder evtl. eine Frage hat und Hilfe benötigt, und sucht nebenbei nur mit den Augen – unauffällig (wie sie glaubt) – nach ihrem Schlüssel. Nach kurzer Zeit ertönt Thomas' Stimme: „Neben dem Projektor liegt er."

1.1.4 Qualität der Arbeiten

Die bisher beschriebenen Schwierigkeiten haben natürlich Folgen für die Form und die Qualität der Arbeiten, die die Kinder anfertigen. Schriftliche Arbeiten fangen häufig zunächst mit leserlicher Schrift an (die Kinder machen auch nicht unbedingt

---

[5] Unter einer „schönen" Handschrift versteht man heute in der Grundschule eine leserliche, klare und zügige Schrift.

mehr Fehler als andere), sie können dann aber nicht durchhalten. Die Schrift verliert sich in den Zeilen, Fehler häufen sich, die Bearbeitung der Aufgabe ist lückenhaft, Teile werden übersehen und fehlen. Dennoch geben die Kinder ihre Arbeit häufig mit einem „Ich bin schon fertig!" vor allen anderen ab.

Beim mündlichen Nacherzählen von Geschichten wird gerade noch der Anfang ausgeschmückt, der Rest wird mit wenigen Worten und unter vielen Auslassungen erzählt, zumindest dann, wenn keine äußere Gedächtnisstütze vorhanden ist. Die Kinder wenden Regeln, z. B. Rechtschreibregeln, nicht an, obwohl sie diese eigentlich kennen. Wenn sie nicht direkt darauf hingewiesen werden, erkennen sie die Schwierigkeiten gar nicht. Dies erweckt bei manchen Lehrerinnen und Lehrern den Eindruck, dass die Kinder „nur nicht wollen", denn manchmal beobachten sie ja, dass die Kinder die Schwierigkeiten meistern, die ein andermal so unüberwindbar scheinen. Man ist angesichts dieser beträchtlichen Leistungsschwankungen leicht geneigt, fehlenden Willen zu unterstellen.

1.1.5 Mangelhafte Problemlösestrategien

Häufig ist bei Kindern mit Aufmerksamkeitsstörung ein Mangel an Problemlösestrategien, verbunden mit einer hohen Impulsivität in der Vorgehensweise, im Unterricht zu beobachten (vgl. *Wagner* 1990, 1991). Bevor eine Aufgabe richtig verstanden ist, beginnt das Kind schon mit deren Bearbeitung. Es werden vorschnelle, unüberlegte Lösungswege eingeschlagen. Das Kind beginnt zu schreiben, bemerkt einen Fehler, streicht das Geschriebene durch, schreibt weiter, merkt oder übersieht Fehler, streicht aus und schreibt darüber, kennt sich bald selbst in dem Durcheinander nicht mehr aus und gibt entnervt auf. Es reagiert dann schnell ungeduldig oder entmutigt, wenn die Aufgabe nicht wie geplant aufgeht. Vor allem bei Arbeiten, für die erst eine Strategie erdacht werden muss und dann mehrfach wiederholt werden soll – also in typischen Übungssituationen –, geben hyperaktive Kinder schneller auf als andere, suchen sich alternative Aufgaben, verlieren scheinbar die Lust und Motivation: „Das kann ich doch schon!" Diese Kinder brauchen daher sehr viel häufiger und direkter als andere Kinder die Aufforderung, bei der Sache zu bleiben oder eine bestimmte Strategie anzuwenden. Für sie ist es hilfreich, wenn z. B. bei schriftlichen Rechenverfahren die Strategie für verbindlich erklärt wird.

1.1.6 Schwierigkeiten im sprachlichen Bereich

Die mangelnde Impulskontrolle wirkt sich auch beim Sprechen aus. Die Kinder sprechen besonders viel und laut, sie verhaspeln sich häufig beim Reden, ziehen Buchstaben und Wörter zusammen – sie poltern (*Teumer* 2000). Man hat den Eindruck, sie kommen ihren eigenen Gedanken nicht hinterher, weil sie alles, was ihnen durch den Kopf schießt, sofort heraussprudeln. Deshalb verlieren sie auch oft den Faden oder ihre mündlichen Beiträge passen nicht, weil sie schon längst mit den Gedanken anderswo sind.

Der sprachliche Ausdruck ist manchmal unklar und wenig differenziert. Die Aufmerksamkeitsschwierigkeiten und die Probleme im Bereich der motorischen

Koordination wirken sich gemeinsam auf die Sprachproduktion aus. Zusätzlich findet man auch, dass das Zuhören und das Verstehen beeinträchtigt sein können (vgl. *Riccio & Hynd* 1996).

Es gibt allerdings auch Kinder, die sprachlich frühzeitig sehr kompetent sind, die durchaus schon als Dreijährige einen großen Wortschatz haben und sich grammatikalisch differenziert ausdrücken.

Da das Lernen in der Schule sehr stark sprachliche Fähigkeiten fordert, kommen Kinder, bei denen diese Fähigkeiten nicht so ausgeprägt sind, schnell ins Hintertreffen. Begabungen, die sie auf anderen Gebieten haben, werden häufig übersehen.

1.1.7 Probleme in der Klassengemeinschaft

Besonders im sozialen Bereich, z. B. in der Klassengemeinschaft, fallen die Kinder mit Aufmerksamkeitsstörungen auf. Wegen ihrer impulsiven Reaktionen und der ungenügenden motorischen Selbstkontrolle kommt es oft vor, dass sie schnell überreagieren und aggressiv wirken. Im Umgang mit anderen können sie häufig schlecht die Intensität ihrer Reaktionen dosieren. Sie erkennen nicht, dass sie andere körperlich oder emotional verletzen. Sie erkennen oder beobachten die Gestik und Mimik der anderen nicht, d. h. sie können die Körpersprache nicht als Information nutzen. Wenn man ihnen ihr Verhalten bewusst macht, sind sie sehr betroffen, schaffen aber den Transfer auf andere Situationen nicht.

> Marc begrüßt Florian mit einem freundlichen Schlag auf die Schulter. Florian dreht sich um und verpasst Marc einen kräftigen Schlag. Er hat die Situation nicht richtig eingeschätzt.

Im Unterricht und im gemeinsamen Spiel gelingt es ihnen oft nicht, sich an die vereinbarten Regeln zu halten, deshalb ziehen sie sich oft den Ärger der anderen zu. Insbesondere fällt es ihnen schwer, in Situationen geduldig zu sein, in denen sie warten müssen, bis sie an der Reihe sind. Das Hineinplatzen in eine Aktion oder das Vordrängeln wird von den anderen Kindern nicht geduldet. So dauert es meist nicht lange, bis es heißt: „Mit dir will ich nicht in einer Gruppe sein."

> Andreas (3. Kl.) hat Probleme mit den Klassenkameraden, vor allem aber auch mit dem Lehrer. Dieser ist ein Lehrer, bei dem vorwiegend „gepaukt" (und auch viel gelernt) wird, der aber keinerlei Freiräume lässt und alles, was die Ordnung stört, streng bestraft. Anlässlich eines Elternsprechtages klagt der Lehrer ungewöhnlich vorsichtig über Andreas' Verhalten und bedankt sich gleichzeitig bei den Eltern für die große Unterstützung, die das gespendete Werkzeug für den Werkunterricht bedeutet. Die verblüffte Nachfrage der Eltern, die gar nichts von ihrer Großzügigkeit wussten, brachte zutage, dass

> Andreas den Bedarf an Sandpapier, Nägeln, Werkzeug und was sonst noch benötigt wurde, aus der väterlichen Werkstatt „organisiert" hat. Auf diese Weise hat er sich Anerkennung seitens der Mitschüler und Milde des Lehrers erkauft.

1.1.8 Lehrkräfte fühlen sich „genervt"

Aufmerksamkeitsgestörte, hyperaktive Kinder fordern die ständige und uneingeschränkte Zuwendung und Aufmerksamkeit der Lehrerinnen und Lehrer durch:
– geringe Frustrationstoleranz,
– kaum vorhandenen Bedürfnisaufschub,
– geringe Fähigkeit, Regeln einzuhalten,
– permanentes Störverhalten (in allen Variationen),
– emotionale Labilität,
– nicht vorhandenes „Arbeitsverhalten",
– ständige Händel in der Klasse und Schule,
– Versuche der ständigen persönlichen und körperlichen Kontaktaufnahme zur Lehrkraft.

Lehrer stoßen durch dieses „Ständig-auf-der-Hut-Sein" an ihre Grenzen. Sie entwickeln das Gefühl zu versagen und in ihrem Beruf unfähig zu sein.

1.1.9 Situationsabhängigkeit des Verhaltens

Unter den aufmerksamkeitsgestörten, hyperaktiven Schülern gibt es jene, die in fast jeder Umgebung auffallen, und solche, bei denen das schwierige Verhalten nur in bestimmten Situationen, ausgelöst durch spezifische Reize, auftritt (vgl. *Schachar, Rutter & Smith* 1981). In der Schule kann man z. B. beobachten, dass das problematische Verhalten bei einem Kind mit ganz bestimmten Unterrichtsformen verbunden ist. Es gibt Kinder, die in Phasen der Stillarbeit oder Einzelarbeit problemlos arbeiten, während sie im Unterrichtsgespräch dauernd dazwischenreden; andere Kinder dagegen beteiligen sich zumeist konstruktiv am Unterrichtsgespräch, können aber bei Gruppenarbeiten oder Einzelarbeit nicht bei der Sache bleiben.

Im Allgemeinen kann festgestellt werden, dass es weniger Probleme im strukturierten Unterricht bei der eigenen Lehrkraft und im bekannten Klassenraum gibt. Massive Probleme treten dagegen häufig bei Fachlehrern auf, auch wenn es sich um beliebte Fächer, z. B. Handarbeit/Werken in der Grundschule, handelt. Oft gelten hier andere – nicht so straffe – Regeln, außerdem fällt es diesen Kindern schwer, sich auf Personen einzustellen, zu denen sie keine intensive emotionale Beziehung haben. Gerade in diesen Fächern geht man mit z. T. gefährlichen Materialien um, sodass die Lehrkräfte manchmal hyperaktive Kinder von diesem Unterricht ausschließen.[6]

---

[6] Dieses Vorgehen ist nach Art. 86 (2) und (8) BayEUG unter bestimmten Bedingungen möglich.

Zu massiven Problemen kommt es häufig in weniger strukturierten Situationen, z. B.:
- vor dem Unterricht,
- an Bushaltestellen und im Bus,
- beim Umkleiden für den Sportunterricht,
- beim Gang durchs Schulhaus,
- in der Pause,
- bei Unterrichtsgängen und Wandertagen,
- im Schullandheim,
- ebenso im Unterricht bei wechselnden und offenen Unterrichtsformen wie Freiarbeit, Wochenplanarbeit usw.

Nicht selten jedoch lässt sich beobachten, dass die Kinder bei Tätigkeiten, die sie ganz besonders interessieren, lange Zeit höchst konzentriert verweilen können und alles andere ausblenden: sie hyperfocusieren (*Neuhaus* 2000).

1.2 ... von den Klassenkameraden: Vom Helden zum Spielverderber

1.2.1 Bewunderung für den Klassenclown

Mitschüler erleben die hyperaktiven Kinder zunächst oft als offen, kontaktfreudig, mitreißend, mutig (bis tollkühn) und bewundern, wie „frech" sie zu Respektspersonen sein können. Diese Kinder trauen sich Dinge zu tun oder zu sagen, die man selbst gern tun oder sagen würde. Die anderen Kinder können nicht wissen, dass das aufmerksamkeitsgestörte, hyperaktive Kind seine „Clownerien" nicht kontrollieren kann.

Zudem verteilen diese Kinder gern kleine Geschenke oder machen Versprechungen (die sie dann nicht immer einhalten), um sich die Gunst der Klassenkameraden zu erkaufen.

1.2.2 Ablehnung

Ablehnung und Zurückweisung durch die Mitschüler bauen sich erst im Laufe der Zeit auf. Die Klassenkameraden meiden das aufmerksamkeitsgestörte Kind, sie schließen es von Gruppenaktivitäten aus, denn es
- will immer im Mittelpunkt stehen,
- drängt sich immer vor,
- hält Regeln nicht ein (Spielverderber),
- verhält sich unangemessen und unvorhersehbar,
- ist unzuverlässig,
- wechselt ständig die Stimmung (man kennt sich nicht aus),
- wirkt aggressiv, da es Handlungen in ihrer Stärke und Folge nicht abschätzen kann,
- hat in der Klasse eine Sonderrolle (Lehrer ist mehr mit ihm beschäftigt als mit anderen),
- zerstört Materialien sowohl unabsichtlich als auch absichtlich.

Ein solches Kind wird selten zum Kindergeburtstag eingeladen und hat auch selbst wenig Freunde, die es einladen könnte. Häufig wollen die Eltern anderer Kinder ein derart ungebärdiges Kind nicht im Haus haben, manchmal untersagen sie ihren eigenen Kindern den Umgang mit ihm.

1.3 ... von den eigenen Eltern: Vom Problemkind zum Schulproblem

Eltern von aufmerksamkeitsgestörten, hyperaktiven Kindern stehen meist von der Geburt dieses Kindes an unter hohem Druck. Die Kinder schreien viel, es gibt Probleme mit dem Essen und Schlafen. Alle Aktivitäten mit dem Kind sind nervenaufreibend. Auf dem Spielplatz, beim Einkaufen, im Kindergarten, bei Verwandtenbesuchen – immer ist die Reaktion der Umwelt ambivalent: Der eine sieht ein aufgewecktes und der andere ein böses Kind.
Der Familienalltag ist für alle Beteiligten äußerst anstrengend. Das Kind ist meistens unfolgsam, stur, unordentlich, eigenwillig und es ist hartnäckiger als seine Eltern. Nicht selten fürchten die Eltern die Einschulung des Kindes und die Folgen.

1.3.1 Rückmeldungen aus der Schule und die Reaktion der Eltern

Die Rückmeldungen aus der Schule werden von den Eltern – meist sind sie sowieso sehr verunsichert – als Kritik verstanden, und zwar im Sinne von Schuldzuweisung. Ständige Kritik an ihrem Kind und der Vorwurf ihnen gegenüber (so wird es seitens der Eltern häufig wahrgenommen), dass sie ihr Kind nicht erziehen können, treibt sie in eine Abwehrhaltung. Sie nehmen ihr Kind vor den Lehrern und anderen Eltern in Schutz: „Immer soll unser Kind schuld sein ..., die anderen sind doch auch nicht besser ..." Manchmal forschen sie direkt nach, was andere Kinder anstellen. Eltern kommen in einen Kreislauf von Schuldgefühlen und Rechtfertigungen. Die Angst vor möglichen Eskapaden des Kindes hält sie in Atem und die Schwierigkeiten des Kindes werden zum zentralen Thema in der Familie.
Zu Hause ermahnen und bestrafen die Eltern ihr Kind und setzen es stark unter Druck. Um den Vorwürfen aus der Schule zu entkommen, kann es u. a. zu folgenden Reaktionen kommen:
– Ordnung wird selbst hergestellt, d. h. das Kind wird aus der Verantwortung entlassen. Die Mutter räumt die Schultasche aus und ein, beschriftet die Hefte, trägt den vergessenen Turnbeutel in die Schule.
– Eltern sind enttäuscht über ihr Kind, das so aufgeweckt erscheint und trotzdem in der Schule versagt.
– Sie entwickeln das Gefühl, selbst versagt zu haben.
– Sie beginnen Schuld zuzuweisen: sich selbst, dem anderen Elternteil und der Schule.

Die Folgen sind Unruhe und Streitigkeiten in der Familie, Streit mit der Schule, Rückzug und Isolation und häufig Kapitulation.

1.3.2 Der Kampf um die Hausaufgaben

Ein zentraler Punkt in der oben beschriebenen Situation sind die Hausaufgaben. Schon im ersten Schuljahr sitzen – vor allem Mütter – oft stundenlang neben ihrem

Kind. Nicht selten dauert die Anfertigung der Hausaufgaben bei Grundschülern täglich bis zu vier Stunden.

In der Schule werden bestimmte Leistungen verlangt, z. B. regelmäßige Hausaufgaben, die auch noch eine ansprechende äußere Form haben sollen. Das bedeutet für viele Mütter fast Tag für Tag einen Kampf (vgl. Teil 2 Kapitel 4).

> **Bericht einer Mutter über den 12-jährigen Florian:**
> Er kommt grantig und schlecht gelaunt aus der Schule und sagt: „Ich habe keinen Hunger, ich will nichts essen." Befragt warum: „Wir haben so viele Hausaufgaben. Blöde Schule." Nach dem Essen (wenig): „Ich will noch keine Hausaufgaben machen." Mutter: „Aber du hast dich doch für 3.00 Uhr verabredet?" „Ja, ich will aber noch keine Hausaufgaben machen, blöde Schule", stampft mit dem Fuß auf den Boden, packt seinen Ranzen, wirft ihn an eine andere Stelle hin: „Blödes Deutsch." Gutes Zureden hilft schließlich, ihn zum Hinsetzen und Auspacken zu bewegen. Das Heft wird auf den Tisch geknallt, das Buch fällt gleich runter, das Mäppchen wird aufgerissen – dabei gemurrt und gemault. Tränen! „So viel haben wir auf, immer so viel, der blöde Lehrer." Tritt gegen das Tischbein. Die Mutter schimpft: „Hör endlich auf und nimm dich zusammen, das kleine Stück haben wir doch gleich, guck mal, so wenig." „Wenig, päh, so viel! Gemeinheit!" Führt sich auf wie „Rumpelstilzchen". Die Mutter schreit. Tränen. Florian: „Du bist immer so gemein zu mir, ganz gemein." Die Mutter traurig: „Ich geh jetzt weg!" „Ach, so hab ich's nicht gemeint, nicht weggehen, bitte nicht, ich mach's ja." Setzt sich hin und plötzlich geht es voran. Die Mutter wieder ruhig, lobt ihn nach zwei Wörtern: „Siehst du, es geht ja prima", und in zehn Minuten sind $2/3$ der Hausaufgaben fertig. „Jetzt brauche ich aber eine Pause!" „Ach komm, wir machen erst zu Ende." „Nein, jetzt brauche ich die Pause, nur fünf Minuten!" Und das ganze Kampfspiel beginnt von vorne.

1.4 ... so erleben sie sich selbst: „Ich bin anders!"

1.4.1 Das Gefühl des „Andersseins"

Die Kinder mit Aufmerksamkeitsstörungen nehmen selbst sehr schmerzlich wahr, dass sie anders sind als „die anderen" (die ja auch nicht alle gleich sind). Sie nehmen wahr, dass sie ungeschickter, langsamer, erfolgloser, unbeliebter sind als alle anderen. Die Kinder leiden oft auch an der eigenen Ruhelosigkeit und empfinden diese als einen Antrieb, den sie selbst nicht kontrollieren können. Ein Junge beschrieb es einmal so: „Es ist, als wären lauter kleine Zappelmänner in mir."

Die Kinder nehmen ihr eigenes, aneckendes Verhalten wahr und erleben gleichzeitig eine große Hilflosigkeit: „Ich möchte ja gerne ruhig sitzen, brav sein und lernen, aber in meinem Kopf sitzt ein Teufelchen, das alles durcheinanderbringt. Und ich kann nichts gegen dieses Teufelchen machen" (*L. Berg* 1993, S. 62).

> Markus (7 Jahre) nimmt die große Papierschere und geht aus dem Zimmer. Auf die Frage der Mutter, was er mit der Schere wolle, antwortet er: „Der Kopf muss ab, da sitzt der Teufel drin! Mein Kopf!"

Sie nehmen die misstrauische Ablehnung der Klassenkameraden wahr. Wenn sie sich unpassend verhalten, merken sie es an der Reaktion der anderen: „Dann schauen alle auf mich." Das Gefühl, exponiert zu sein und keine oder nur wenige Freunde zu haben, gehört häufig zu den Erfahrungen dieser Kinder.
Als Folge davon haben sie Schuldgefühle und kommen sich als unerwünschte Störenfriede vor. Sie bekommen dauernd zu hören, was sie wieder falsch gemacht haben, was ihretwegen in die Brüche gegangen ist, was andere besser und schöner können. Die ständigen Vorwürfe unterminieren ihr Selbstvertrauen und ihr Selbstwertgefühl. Wenn ihnen einmal etwas gelingt, werden sie dafür selten gelobt, weil dies dann oft Dinge sind, die von anderen Kindern ganz selbstverständlich erwartet werden. So berichtet ein Junge voller Stolz, dass er in einer Woche keine Strafarbeit bekommen habe – für die meisten Eltern und Lehrer sicher kein Grund zu besonderer Freude.

1.4.2 Angst vor Misserfolgen

Die Kinder lernen sehr bald, nur noch Misserfolge zu erwarten. Sie trauen sich wenig zu und vermeiden zunehmend Situationen, in denen ernsthaft Leistung von ihnen erwartet wird. Da sie aus ihrer Sicht keinen zuverlässigen Zusammenhang zwischen der eigenen Anstrengung und dem Ergebnis einer Arbeit erkennen können, werden sie sehr bald allen Anstrengungen aus dem Wege gehen, in der Meinung, dass diese ja nur unangenehm sind und ohnehin nichts einbringen. Damit ist ein Teufelskreis eingeleitet, denn als Folge davon werden sie vermehrt Vorwürfe über fehlende Anstrengungsbereitschaft und unzulängliche Leistungen zu hören bekommen, was dazu führt, dass sie sich immer weniger zutrauen, Anstrengung vermeiden etc.
Angst vor Misserfolg bestimmt auch die Auswahl der Freunde und Spielkameraden. Häufig scheuen die Kinder Gleichaltrige, sie suchen eher die Nähe von älteren Kindern, bei denen sie aufregendere Unternehmungen erwarten, wo mehr los ist und sie aber auch leicht in Abhängigkeit von Rabauken geraten. Oder sie suchen sich jüngere Freunde in der Annahme, dann kommandieren zu können und Bewunderung zu erhalten.

1.4.3 Unrealistische Selbsteinschätzung

Ein Merkmal dieser Kinder ist es, sich selbst zu überschätzen. Sie können die Möglichkeiten und Grenzen ihrer körperlichen Leistungsfähigkeit nicht richtig einschätzen. Vielfach begeben sie sich dadurch in gefährliche Situationen: Sie versuchen sich an halsbrecherischen Kunststücken, springen über viel zu hohe Hindernisse. Manchmal verstricken sie sich in eine Traumwelt und entwickeln unrealistische Fantasien von den eigenen Fähigkeiten. Sie halten sich für „Superman" und träumen davon, erfolgreich zu sein, ohne dass sie aber wüssten, welche konkreten Schritte sie voranbringen könnten.

Gut begabte, hyperaktive Kinder sind mit ihren Worten und in ihren Taten sehr schnell (impulsiver Arbeitsstil) und haben dadurch z. T. eine hohe Trefferquote von richtigen Ergebnissen. Das bestätigt sie in ihrer unrealistischen Selbstwahrnehmung und führt gleichzeitig auch zu einer nicht adäquaten Fremdeinschätzung. Mitschüler und Lehrkräfte übersehen, dass es sich bei den Erfolgen oft um Zufallsereignisse handelt. Manchmal handelt es sich allerdings auch um besonders kreative, ungewöhnliche Lösungswege, die zwar zum richtigen Ergebnis führen, von den Kindern aber nicht plausibel dargelegt werden können.

Die Persönlichkeit der Kinder ist von diesen Widersprüchen geprägt. Daher reagieren sie oft in einer unvorhersehbaren Weise. Ihre Stimmungen können ganz plötzlich umschlagen, sie brechen vor Ungeduld in Wutanfälle aus und handeln sich damit sogleich weitere Schwierigkeiten mit den Lehrern und Mitschülern ein.

2 Allgemeine Hinweise für den Umgang mit aufmerksamkeitsgestörten, hyperaktiven Kindern

Kinder mit Aufmerksamkeitsstörungen sind, insbesondere wenn auch eine starke Hyperaktivität damit verbunden ist, für jede Lehrerin und jeden Lehrer eine Herausforderung. Die Kinder, die durch ihre ständige Unruhe und Ablenkbarkeit den Unterricht stören, die nicht bei der Sache bleiben können, die einfach nerven, scheinen oft die ganze Aufmerksamkeit und Energie der Lehrkräfte auf sich zu ziehen. Ständig müssen sie sich über diese Kinder und ihre unvorhersehbaren und ungestümen Reaktionen ärgern. Jeder Versuch von gutem Zureden scheint vergebens. Hat man einmal den Eindruck, das Kind habe eine bestimmte Einsicht erreicht, so besteht bald darauf Anlass, wieder daran zu zweifeln. *Krowatschek* (1996, S. 1) spricht sogar von der „Angst der Lehrkraft vor dem überaktiven Kind" und weist auf die ungenügenden Strategien von Lehrerinnen und Lehrern im Umgang mit diesen Kindern hin.

Das Verhalten der Lehrerinnen und Lehrer gegenüber diesen Kindern und Jugendlichen, sei es auf der verbalen oder auf der nonverbalen Ebene, ist von Vorerfahrungen, Einstellungen, Vorurteilen und Bewertungen abhängig. Das führt gerade im Umgang mit hyperaktiven Kindern häufig zu Fehleinschätzungen. Daher erscheint es wichtig, das eigene Verhalten im Umgang mit diesen Schülern immer wieder zu reflektieren. Die folgenden „goldenen Regeln" können dabei eine Hilfe sein.

Die zwölf goldenen Regeln lauten:

1. *Strukturen sind das A und O:* Kinder und Jugendliche mit Aufmerksamkeitsstörungen können sich und ihre Aktivitäten nicht genügend steuern. Sie sind deshalb auf die Vorgabe von Strukturen von außen angewiesen. Was Lehrkräfte u. U. für andere Kinder schon als Gängelung ansehen, ist für diese Kinder eine wichtige Orientierungshilfe.

2. *Weniger ist mehr:* Diese Schülerinnen und Schüler haben Probleme, sich eine Vielzahl von Regeln zu merken und diese einzuhalten. Da aber Regeln für den Arbeitsablauf und für das Miteinander in der Klasse erforderlich sind, sollten sie auf wenige ganz besonders wichtige beschränkt werden. Auf das Einhalten einmal vorgegebener Regeln muss dann jedoch konsequent geachtet werden.

3. *Langer Atem ist nötig:* Obwohl sie einsehen und verstehen, dass gewisse Verhaltensweisen in der Schule notwendig sind, helfen Ermahnungen bei diesen Schülerinnen und Schülern oft nur für Minuten. Auch wenn es Lehrkräften schwerfällt, müssen Vereinbarungen immer wieder mit Nachdruck, aber ohne Erregung wiederholt werden. Jeder Tag, jede Stunde sollte eine Chance zum Neubeginn sein.

4. *Ignorieren, ignorieren ...:* Trotz der Unterstützung durch Strukturen, wichtige

Regeln und durch die Chance des Neubeginns überraschen diese Kinder und Jugendlichen mit ständig neuen Varianten von Störverhalten. Solange nicht die Klasse oder ein anderes Kind übermäßig darunter leidet, ist das Ignorieren oft weniger störend und effektiver als ständiges Ermahnen. Jedes gewünschte Verhalten dagegen muss **sofort** verstärkt werden, auch nonverbal. Die Kinder sind nicht in der Lage, ein am Ende der Schulstunde ausgesprochenes Lob auf die richtige Situation zu beziehen.

5. *Neue Wege führen (manchmal) zum Ziel:* Die Schule bietet Lehrkräften ein relativ hohes Maß an pädagogischem Spielraum. Vielerorts werden offene Unterrichtsformen praktiziert, die Differenzierung und Individualisierung ermöglichen. Damit ergibt sich auch die Chance, den Lernbedürfnissen aufmerksamkeitsgestörter, hyperaktiver Kinder und Jugendlicher eher gerecht zu werden. Lehrerinnen und Lehrer sollten den eigenen Spielraum ausloten und ggf. erweitern, d. h. Lernziele können inhaltlich und mengenmäßig beispielsweise variiert werden. Es ist ohnehin die Frage, ob es immer effektiv ist, dass alle Schüler zur selben Zeit dasselbe und gleich viel machen: „Kinder gerecht behandeln heißt, sie ungleich behandeln" (*Sennlaub* zitiert nach *Kretschmann, Dobrindt & Behring* 1997, S. 138).

6. *Genaues Hinschauen bringt Klarheit:* Kinder und Jugendliche mit Aufmerksamkeitsstörungen sind keine unbeschriebenen Blätter, wenn sie in eine neue Klasse kommen. Ihr schlechter Ruf eilt ihnen meist schon voraus (selbst schon aus dem Kindergarten!). Deshalb ist es wichtig, ihnen möglichst unvoreingenommen zu begegnen und dennoch von Anfang an genau zu beobachten und das Verhalten detailliert zu beschreiben.
Darüber hinaus ist es notwendig, die an der Schule vorhandenen Erfahrungen mit den Schülern zu kennen, zu erfragen, in welchen Situationen sie besonders auffällig wurden, welche Maßnahmen mit welchem Erfolg ausprobiert wurden und was bisher mit den Eltern vereinbart wurde.

7. *Das Kind kann auch dann oft nicht, „wenn es will":* Aufmerksamkeitsgestörte Schüler können motiviert sein, sie können sich konzentrieren und Leistungen erbringen, allerdings muss es sich um eine starke intrinsische Motivation handeln. Sie sind jedoch nicht in der Lage, diese für schulisches Arbeiten und Leisten unabdingbaren Voraussetzungen willentlich abzurufen und zu kontrollieren. Es ist für sie geradezu kennzeichnend, dass ihnen ein und dieselbe Aufgabe einmal gelingt und beim nächsten Mal nicht. Mit Leistungsverweigerung hat das nichts zu tun!

8. *Vertrauen vermitteln:* Diese Kinder und Jugendlichen haben in der Regel ein angeschlagenes Selbstwertgefühl. Daher brauchen sie vor allem Ermutigung und jemanden, der noch an sie glaubt, ihnen etwas zutraut. Sie nehmen sehr wohl wahr, wenn man sie „abgeschrieben" hat, nichts mehr von ihnen erwartet. Einen Schüler aufzugeben wirkt wie eine „sich selbst erfüllende Prophezeiung": Wenn ein Schüler nicht mehr herausgefordert wird, wird er auch nichts mehr leisten.

Verantwortung für sich selbst können diese Kinder und Jugendlichen nicht übernehmen, aber sie übernehmen sehr gern Verantwortung für andere und sind darin außerordentlich zuverlässig.

9. *Das rosa Heft gibt neuen Mut:* Um sich selbst zu motivieren und immer wieder Mut zu schöpfen, sollten alle, die mit aufmerksamkeitsgestörten, hyperaktiven Kindern und Jugendlichen zu tun haben – hier also die Lehrkräfte – niederschreiben (deshalb „rosa Heft"), welche positiven Fähigkeiten und Verhaltensweisen ihnen bei diesen Schülern auffallen. Nur allzu leicht verzweifeln Lehrerinnen und Lehrer sonst im Schulalltag an der Fülle von „Unarten". Nur durch solches Niederschreiben – und das gelegentliche Nachlesen – besteht die Chance, auch wieder positive Gefühle für das Kind zu entwickeln. Bei der Unterrichtsplanung sollten diese Stärken dann auch immer mit einbezogen werden.

10. *Nur gemeinsam kann es gelingen:* Aufmerksamkeitsgestörte, hyperaktive Kinder und Jugendliche sind zu Hause ebenso ungebärdig wie in der Schule. Eltern und Lehrkräfte sitzen im wahrsten Sinne des Wortes in einem Boot. Wenn sie sich über die wichtigsten Regeln und deren Durchsetzung verständigen können, entsteht für das Kind Klarheit und eine Verhaltensänderung wird eher möglich sein.
Wenn eine Lehrkraft den Eltern vermittelt, dass sie selbst auch hilflos ist, und die Eltern fragt, ob sie eine Idee haben, wie Abhilfe geschafft werden kann, dann wächst das Vertrauen zwischen Elternhaus und Schule: Die Eltern erfahren in ihrer Sorge um das Kind Verständnis. Schuldzuweisungen, die zu nichts führen, kommen gar nicht erst auf.

11. *Ohne Hilfe geht es nicht:* Ein aufmerksamkeitsgestörtes, hyperaktives Kind in der Klasse zu haben, bedeutet für die Lehrerinnen und Lehrer und für die Mitschüler eine extreme Belastung. Deshalb sollten alle Möglichkeiten ausgeschöpft werden, die bei der Bewältigung der Probleme helfen können. Innerhalb der eigenen Schule können andere Lehrkräfte oder weitere Personen in Notfällen helfend eingreifen, etwa wenn ein Kind vorübergehend aus der Klasse herausgenommen werden muss. Auch die Beratungslehrer und Schulpsychologen können um Unterstützung gebeten werden. Neben diesen im Schulsystem vorhandenen Hilfen ist auch die Zusammenarbeit mit außerschulischen Diensten häufig notwendig und sinnvoll. Die Kooperation mit Erziehungsberatungsstellen, Jugendämtern, Ärzten, Kliniken und Therapeuten wird immer dann erforderlich sein, wenn Kinder und Jugendliche auch außerhalb der Schule betreut werden. Für diese Zusammenarbeit muss jedoch die schriftliche Einverständniserklärung der Eltern vorliegen.

12. *Schuldgefühle helfen keinem:* Das tägliche Gefühl, wieder versagt zu haben, führt sowohl bei Eltern als auch bei Lehrkräften von Selbstzweifeln bis zu Schuldgefühlen, diesem Kind nicht gerecht zu werden. Solche Schuldgefühle wirken sich lähmend auf die Arbeit aus. Eine Möglichkeit der Auseinandersetzung mit dieser Situation wird in Fallbesprechungs- und Supervisionsgruppen geboten.

3 Prinzipien der Unterrichtsplanung und -gestaltung für aufmerksamkeitsgestörte, hyperaktive Kinder und Jugendliche

Die Prinzipien für eine relativ straffe Unterrichtsplanung und -gestaltung, die im Folgenden beschrieben werden, sind für viele Lehrkräfte Standard. Andere Lehrer hingegen legen in ihrem Unterricht mehr Gewicht auf Spontaneität, Kreativität und Selbstbestimmung mit dem Ziel, ihre Schüler von Beginn an zur Selbstständigkeit und Selbstverantwortung zu erziehen. Diesen Lehrkräften wird sich bei den folgenden Abschnitten die Frage aufdrängen, ob sich ihre Unterrichtsphilosophie mit dem Dargestellten vereinbaren lässt, ob hier nicht allzu enge Grenzen gezogen werden, die mit den Zielen Erziehung zu Selbstständigkeit und Selbstverantwortung nicht mehr zu vereinbaren sind.

Für das vielleicht einzige aufmerksamkeitsgestörte, hyperaktive Kind in der Klasse – aber auch für eine Reihe anderer schwächerer Kinder – ist dieser konsequente, stark auf Struktur und Grenzen setzende Unterrichtsstil die einzige Chance, eine ihren Voraussetzungen entsprechende Leistung zu erbringen. Hier wird dargestellt, aus welchen Gründen ein solches Vorgehen für diese Kinder hilfreich ist.

Lehrkräfte, die hyperaktive Kinder in ihrer Klasse haben, wissen, dass dieses Kind in der Lage ist, die schönsten Unterrichtsvorhaben zu sprengen und für alle zunichte zu machen. Ein derart zerstörter Unterricht frustriert die ganze Klasse und lässt Lehrerinnen und Lehrer immer wieder an ihrer pädagogischen Professionalität zweifeln. Es ist daher unverzichtbar, schon bei der Planung des Unterrichts – gerade wenn offenere Arbeitsformen eingesetzt werden sollen –, die erforderlichen Differenzierungsmaßnahmen mit einzubeziehen.

Was hier beschrieben wird, ist zunächst auf Beispiele und Möglichkeiten in Grund- und Hauptschulen zugeschnitten. Aufmerksamkeitsgestörte, hyperaktive Kinder an Realschulen und am Gymnasium haben jedoch die gleichen Probleme. Sie brauchen ebensolche Unterstützung, um zum Erfolg zu kommen. Es hilft diesen Kindern nicht, sie an eine vermeintlich „einfachere" Schule zu überweisen. Ihr Verhalten und ihr Arbeitsstil werden ihnen selbst und allen Beteiligten an jeder Schulart Probleme bereiten. An allen weiterführenden Schulen wird es aufgrund des Fachlehrerprinzips größerer Anstrengungen der Zusammenarbeit bedürfen, um geeignete Strukturen für die betroffenen Kinder zu schaffen.

3.1 Das tut allen gut! Planung des Unterrichts für die gesamte Klasse

Der Gedanke daran, dass der Unterricht wegen eines einzelnen Kindes anders geplant werden muss, dass man ständig etwas Besonderes für dieses Kind bereitstellen und bedenken muss, kann das Gefühl hervorbringen: „Was soll ich denn noch alles tun?" Meistens ist ja auch nicht nur dieses eine Problemkind in der Klasse – und schließlich muss man allen Kindern gerecht werden. Daher erscheint es ganz wichtig, zunächst zu überlegen, welche Strukturen und Unterrichtselemente, die für das aufmerksamkeitsgestörte, hyperaktive Kind notwendig oder günstig erscheinen, für die gesamte Klasse brauchbar sind. Unter welchen Vorgaben können auch andere Kinder mit Problemen besser lernen, welche Strukturen sind gar für die Mehrheit der Kinder geeignet. Bei der Auswahl oder Gewichtung und der Ausgestaltung der hier vorgestellten Prinzipien spielt natürlich das Alter der Kinder eine Rolle.

3.1.1 Ritualisierte Abläufe

Kindern mit Aufmerksamkeitsstörungen fällt es leichter, sich angemessen zu verhalten, wenn sie genau wissen, was auf sie zukommt und was von ihnen erwartet wird. Dabei ist es wichtig, dass mit der Klasse und/oder mit dem einzelnen Kind bestimmte Abläufe abgesprochen werden, die dann auch eingehalten werden. Der Unterricht als Ganzes ebenso wie einzelne Arbeitsaufträge müssen klare Strukturen haben und verlässliche ritualisierte Elemente.

Beispiele:

Maßnahme	Inhalt	Kommentar
Gliederung des Schulvormittags	Morgenkreis, Begrüßungsritual, Verabschiedung	Hyperaktive Kinder – und wegen der Folgen auch sich selbst – sollte man vor Überraschungen bewahren.
	Tagesplan (besonders wichtig, wenn Fachunterricht oder eine Schulveranstaltung an diesem Vormittag vorkommt)	Vorhaben eines Schulvormittags können jeden Morgen an einer Seitentafel angeschrieben werden.
Vereinbarungen, eingeübte Vorgehensweisen	Wie gehen wir zum Morgenkreis?	z. B. reihen- oder gruppentischweise
	Wie setzen wir uns bei der Partner- und Gruppenarbeit?	z. B. feststehende Partner und Gruppen, in verschiedenen Fächern sind auch unterschiedliche Gruppierungen möglich.
	Wie stellen wir uns zur Pause, zum Sport, zum Werken an? Wer duscht wann …?	Wenn klar ist, dass wir uns nach der Größe, dem Alphabet etc. anstellen, entfallen die täglichen Rangeleien an der Klassenzimmertüre.

Maßnahme	Inhalt	Kommentar
Optische Zeichen	Piktogramme zeigen an, in welchem Stadium des Unterrichts wir uns befinden.	schweigen während der Stillarbeit, flüstern während der Freiarbeit etc.
	Piktogramme für benötigtes Material	Das aufmerksamkeitsgestörte Kind kann sich auch die präziseste Anweisung über benötigtes Material nicht merken. Es kann aber nachschauen, wenn die Piktogramme für Stift, Schere, Heft, Buch etc. an der Tafel angebracht sind.

3.1.2 Rhythmisierung

Gerade für Kinder mit Schwierigkeiten in der Selbststeuerung – aber nicht nur für sie – ist es wichtig, durch eine gezielte Rhythmisierung des Unterrichts von außen Hilfestellung zu erhalten, das eigene Verhalten, den Energieeinsatz und die Arbeitsweise zu kontrollieren. Dazu gehört u. a. ein Wechsel zwischen Spannungs- und Entspannungsphasen. Die Kinder lernen zunächst durch äußere Unterstützung, kleinere Pausen einzulegen und sich zu entspannen, um ihr Aktivierungsniveau zu regulieren und die Selbststeuerung zu erhöhen.

Regelmäßige Entspannungsphasen mit musikalischer Untermalung werden von den Kindern positiv aufgenommen. Durch die Musik werden Bewegung und Handlungssteuerung bei hyperaktiven Kindern harmonisiert. Rollenspiele, Tänze – in freier oder gebundener Form – oder Malen zu Musik fordern die Kinder auf, konstruktiv tätig zu werden. Durch offene Formen von Musik und freier Gestaltung finden die inneren Spannungen der Kinder einen Ausdruck (vgl. *Müßgens* 1996).

Kretschmann, Dobrindt und *Behring* (1997) weisen insbesondere auf die Bedeutung des Unterrichtsbeginns hin. Ein Phase des Sich-Sammelns und Sich-Beruhigens vor den Anstrengungen des Tages wird als hilfreiche Voraussetzung für effektives Lernen angesehen. In dieser vorbereitenden Phase haben Bewegungsübungen (vielleicht in eine Geschichte verpackt), Atem- und Wahrnehmungsübungen, Konzentrationsspiele, Stuhlkreis und ähnliche Interaktionsformen einen sinnvollen Platz. Auch Entspannungsübungen in den verschiedensten Formen können mit den Kindern durchgeführt werden. Stilleübungen (vgl. *G. Maschwitz & R. Maschwitz* 1998; *Müller* 1995, 1997), isometrische Übungen, Entspannungsübungen wie die progressive Muskelrelaxation nach *Jacobson* oder auch Fantasiereisen kommen hier infrage. (Konkrete Hinweise zur Gestaltung von Entspannungsphasen gibt z. B. *Krowatschek* 1999.) Das Ziel eines solchen Einstiegs in den Tag ist die **Schulung der**

Wahrnehmung für die eigene Befindlichkeit, das Bewusstmachen unterschiedlicher körperlicher und psychischer Zustände (vgl. *Krowatschek* 2000b).

3.1.3 Differenzierung im Unterricht

Kinder und Jugendliche, die in einer Klasse zusammengefasst sind, haben nur mit geringer Wahrscheinlichkeit gleichzeitig denselben Bedarf an Lern- und Übungszeit und an Übungsstoff. Bei aufmerksamkeitsgestörten, hyperaktiven Kindern ist zu beobachten, dass ihnen besonders die Arbeit an gleichförmigen Aufgaben schwerfällt. Einige sind vermeintlich schnell fertig und wenden sich anderen Tätigkeiten zu. Bei genauem Hinsehen haben sie die Aufgabe jedoch nicht vollständig bearbeitet, Teile vergessen oder die vorgegebenen Instruktionen nicht eingehalten. Andere werden nie fertig. Sie unterbrechen ihre Arbeit ständig, sie trödeln oder träumen. Ihnen allen fällt es schwer, ihre Arbeit nochmals zu kontrollieren.

Bei diesen Problemen bieten sich Differenzierungsmaßnahmen an:
– Der Umfang und die Art der Übungsaufgaben können individuell variiert werden. Es ist wenig sinnvoll – im Hinblick auf effektives Lernen –, alle Kinder immer dasselbe tun zu lassen. Ein geringerer Umfang an Übungsaufgaben bedeutet nicht, dass Kindern mit Aufmerksamkeitsstörungen weniger Übungszeit zugestanden wird. Sie lernen in intensiven kurzen Übungsphasen, die ihrem Aufmerksamkeitspotenzial entsprechen, effektiver.
– Die Aufgabenstellung, sei es in der Schule oder bei den Hausaufgaben, sollte den momentanen Möglichkeiten und Fähigkeiten der einzelnen Kinder angepasst sein. Das Pensum der Lerninhalte kann nach Form und Inhalt flexibel gestaltet werden. Aufmerksamkeitsgestörte, hyperaktive Kinder arbeiten besser, wenn sie die zu lösenden Aufgaben schrittweise nacheinander gestellt bekommen (vgl. Teil 3 Kapitel 2.2.2).

3.1.4 Differenzierung in Beurteilungssituationen

Auch bei Leistungserhebungen erscheint es sinnvoll und angemessen, auf die besonderen Gegebenheiten der Kinder einzugehen. Der Faktor Zeit spielt hier z. B. eine Rolle. Es ist von Fall zu Fall zu prüfen, ob ein Kind oder ein Jugendlicher mit Aufmerksamkeitsstörungen (ggf. gilt dies auch für andere Kinder) in Testsituationen mehr Zeit erhalten könnte. Dies ist aber nur in Einzelfällen hilfreich, denn normalerweise fällt es diesen Kindern schwer, sich über einen längeren Zeitraum zu konzentrieren.

Es können auch unterschiedliche Formen der Leistungsüberprüfung herangezogen werden. Ausschließlich schriftliche Leistungsnachweise, vor allem solche, bei denen längere Texte zu verfassen sind, überfordern die Kinder mit Aufmerksamkeitsstörungen. Das Schreiben an sich ist für sie eine frustrierende Tätigkeit, die ihrer Erfahrung nach immer nur zu Ärger führt. Um dem zu entkommen, geben sie früh auf, schreiben möglichst wenig und können dadurch nicht zeigen, was sie wirklich wissen und können.

Sinnvoller kann es sein, nicht die schriftliche Form der Prüfung zu wählen, sondern die mündliche. Denkbar ist in manchen Bereichen auch eine Leistungskontrolle durch die praktische Anwendung. Für alle Arten der Leistungserhebung gilt, dass das Kind vorgegebene Kontrollstrukturen als Hilfe erhält.

Für die schriftliche Leistungserhebung kann man:
- Tests mit Mehrfachwahlantworten erstellen,
- Fragen stellen, auf die nur Kurzantworten zu geben sind,
- Lückentexte bearbeiten,
- den Gebrauch des Computers zulassen (hier umgeht man die Frustration durch die Handschrift sowohl für den Schüler, der sich im eigenen Chaos nicht zurechtfindet, als auch für die Lehrkräfte, die die Ergebnisse korrigieren müssen).

Formen der mündlichen Leistungsüberprüfung können sein:
- Ausfragen,
- Erzählung oder Kurzreferat mit Unterstützung von Bildern und Grafiken (vor der Klasse, nur vor der Lehrkraft oder als Tonbandaufnahme),
- mündliche Zusammenfassung.

Eine Mischform stellt die Niederschrift des mündlichen Schülerbeitrags durch die Lehrkraft dar.

3.1.5 Lehrkräfte als Modell

Lehrerinnen und Lehrer geben durch ihr Verhalten im Unterricht (Lernen am Vorbild) direkte Hinweise auf effiziente Arbeitsstrategien. Diese Tatsache kann ganz gezielt eingesetzt werden. So werden die bei *Wagner* (1994) genannten Strategien von den Lehrkräften explizit durch „lautes Denken" vorgeführt. Dazu müssen Lehrerinnen und Lehrer sich diese Schritte selbst klargemacht haben. Neben dem Vorführen müssen diese Strategien auch explizit erläutert werden.

3.1.6 Lernen mit allen Sinnen

Bei aufmerksamkeitsgestörten Kindern spielt das Prinzip der **Aufnahme über mehrere Sinneskanäle** eine ganz besondere Rolle. Die gleichzeitige Übermittlung von Information auf mehreren Kanälen entspricht ihrem zumeist erhöhten Bedürfnis nach Stimulation. Aber auch wegen der kürzeren Konzentrationsspanne ist eine höhere Intensität der Informationsvermittlung wünschenswert. Man nimmt an, dass das Gedächtnis so organisiert ist, dass ein und derselbe Inhalt in Zusammenhang mit der Eingangsmodalität abgespeichert wird. Von einem Begriff, z. B. „Auto", wird der visuelle Eindruck des Schriftbildes gespeichert, dazu die lautlichen Merkmale des gesprochenen Wortes sowie die bildliche Vorstellung und möglicherweise noch ein zugehöriges Bewegungsmuster, wie etwa die Betätigung des Lenkrades. Der Begriff ist damit bildlich gesprochen in vier „Schubladen" abgelegt. Entsprechend ist der Abruf dieser Informationseinheit dadurch erleichtert, dass prinzipiell mehrere Zugangsmöglichkeiten angelegt wurden, d. h. die Wahrscheinlichkeit steigt, dass er erfolgreich abgerufen werden kann. Dies gilt übrigens für die Funktionen des Gedächtnisses im Allgemeinen. Daher ist eine Unterstützung der Informationsvermittlung durch mehrere Sinneskanäle eine wichtige Hilfe, die auch den anderen Kindern zugute kommt (vgl. auch *Bolvansky* 1994b).

3.1.7 Zusätzliche Reize

Kinder mit Aufmerksamkeitsstörungen mit und ohne Hyperaktivität reagieren sehr häufig positiv auf die gleichzeitige Stimulation mehrerer Sinneskanäle. Insbesondere scheint sich eine Zusatzstimulation über das Gehör günstig auf die Aufmerksamkeits- und Konzentrationsfähigkeit auszuwirken. Es kann daher sinnvoll sein, im Unterricht auch solche Lehrformen einzusetzen, die mit Unterstützung von Musik arbeiten.

> Felix kommt ruhig und ausgeglichen in die Förderstunde. In der vorangegangenen Stunde hörten die Kinder Musik, während sie gleichzeitig einen Text abschrieben. Felix: „Bei Musik arbeiten wir immer ganz ruhig und können uns gut konzentrieren."

Ein anderer Weg, zusätzliche Reize einzusetzen, ist die Auswahl des Arbeitsmaterials. In verschiedenen Studien (*Imhof* 1995a; *Imhof & Scherr* 2000) konnte gezeigt werden, dass der Einsatz von farbstarkem Papier dazu führt, dass hyperaktive Kinder bei Rechtschreibübungen sich mehr Zeit nehmen und weniger Fehler machen. Dies kann man so interpretieren, dass die grellen Farben einen hohen Stimulationsgehalt haben und auf diese Weise die Aufrechterhaltung der Aufmerksamkeit der Kinder erleichtern und die Gefahr der Ablenkung vermindern. Auch die Graphomotorik verbessert sich unter dem Einsatz zusätzlicher Stimulation, was sich an einer besser lesbaren Handschrift zeigt (*Imhof & Prehler* 2001).

3.1.8 Handlungsorientierte Materialien

Eine einfache pädagogische Maßnahme kann auch darin bestehen, bei der Planung von Unterricht darauf zu achten, dass das Lernmaterial, mit dem die Kinder umgehen sollen, bereits zur Bewegung auffordert oder die Eigentätigkeit herausfordert (vgl. *Bolvansky* 1994a, b). Dabei ist es nicht immer erforderlich, aufwendig erstelltes Material zur Verfügung zu stellen.

Keller und *Fritz* (1995) haben in ihrem Projekt „Auf leisen Sohlen durch den Unterricht" einen solchen handlungsorientierten Unterricht dargestellt. Bei einer Unterrichtsform, die das Tätigsein und kreative Elemente betont, können sich die aufmerksamkeitsgestörten und hyperaktiven Kinder mit ihren Fähigkeiten besser und konstruktiver einbringen als in einen Unterricht, der hauptsächlich lange Phasen des Stillsitzens und der Stoffaufnahme erfordert.

Bolvansky (1994a, b) hat beispielhaft dargestellt, wie durch die konsequente Anwendung von Montessori-Material die Anschaulichkeit von Unterricht gefördert werden kann. Sie zeigt, wie im Mathematik- und im Rechtschreibunterricht abstrakte Konzepte zum „Be-greifen" aufbereitet werden, z. B. Fühlziffern und Additionsbrettern. Es hängt von den materiellen Möglichkeiten der Schule und den Vorlieben der Kinder und Lehrkräfte ab, welche Materialien in welcher Weise zum Einsatz kommen.

Auch im Fremdsprachenunterricht wurden bewegungsintensive Methoden mit Erfolg erprobt. Bewegungsaufgaben und Rollenspiele können hier als Variationen für die Aufbereitung von Unterrichtsstoff eingesetzt werden.

3.1.9 Material für die selbstständige Fehlerkontrolle

Arbeitsmaterial und Aufgabenstellung ermöglichen Schülern in unterschiedlichem Maße die selbstständige Kontrolle ihrer Ergebnisse. Es ist günstig, wenn das Arbeitsmaterial so angelegt ist, dass Schüler aus der Anwendung heraus selbst feststellen können, ob sie richtig gearbeitet haben (z. B. LÜK-Kasten). Eine Bewertung durch die Lehrkraft: „Das ist nicht richtig!" (das Kind hört wahrscheinlich: „Das ist schon wieder nicht richtig!"), ist beschämender als eine materialimmanente Rückmeldung (vgl. auch *Bolvansky*, 1994b). Besonders geeignet ist in diesem Zusammenhang das Arbeiten am Computer, der die Rückmeldung sofort und emotionslos gibt. Es gibt inzwischen für viele Fächer Programme, die zudem auch sehr motivierend auf die Kinder wirken. Schüler können selbstständig und im eigenen Tempo an einer Aufgabe arbeiten und die Kritik, der Hinweis auf Fehler, ist aus der Interaktion zwischen Lehrkraft und Kind herausgenommen.

3.2 Das Sonderprogramm – spezielle Maßnahmen für das aufmerksamkeitsgestörte, hyperaktive Kind

Neben den oben aufgeführten Unterrichtsprinzipien, die sich als günstig für aufmerksamkeitsgestörte, hyperaktive Kinder erwiesen haben, die aber gleichzeitig auch für die ganze Klasse fruchtbar sein können, gibt es Maßnahmen, die speziell für diese Kinder geplant werden müssen.

3.2.1 Regeln

Verhaltensregeln müssen immer mit dem Kind gemeinsam festgelegt werden. Diese Regeln müssen strikt eingehalten werden und es muss klar sein, was passiert, wenn sie gebrochen werden. Wichtig ist, dass nicht zu viele Regeln aufgestellt werden. Sie müssen für die Kinder durchschaubar und einsichtig sein, ebenso wie die Kriterien, nach denen ihre Einhaltung überprüft wird. Obwohl die Kinder ein sehr gutes Gespür für das Verhalten anderer haben, können sie ihr eigenes Fehlverhalten nicht erkennen.

Die Aufstellung der Regel sollte positiv formuliert sein (etwa: „Wenn du etwas sagen möchtest, dann melde dich bitte!"), denn es kommt ja entscheidend darauf an, dass positive, konstruktive Verhaltensweisen an die Stelle des störenden Verhaltens gesetzt werden. Verbotsorientierte Regeln („Du darfst nicht dazwischenreden!") teilen dem Kind lediglich mit, was es zu unterlassen hat, ohne ihm eine Stütze dafür zu geben, was von ihm erwartet wird.

Von entscheidender Bedeutung ist, dass das unerwünschte Verhalten ignoriert wird. Wenn die Lehrerin oder der Lehrer auf eine dazwischengerufene Äußerung des Kindes reagiert, diese aufnimmt und im Unterrichtsgespräch weiterentwickelt, dann kann dies für das Kind eine Verstärkung des Verhaltens sein und es wird mit hoher Wahrscheinlichkeit die ungefragten Zwischenrufe nicht einstellen. Für das Einhalten der Regeln müssen alle Beteiligten sorgen.

Bestimmte Maßnahmen unterstützen auch Lehrerinnen und Lehrer bei der konsequenten Einhaltung der Regeln (vgl. *Rief* 1993, S. 39). Dazu gehören:
- den Schüler in Sichtweite setzen,
- Augenkontakt halten und andere nonverbale Zeichen als Signal für den Schüler vereinbaren,
- Schülerpult prüfen und von Ablenkungen freihalten,
- dem Schüler signalisieren: „Ich sehe, du bist aufmerksam!",
- Signale vereinbaren, die für bestimmte Verhaltensweisen stehen, z. B. sich an das Ohr fassen: „Achtung, zuhören!", oder grüne Karte zeigen: „Achtung, los geht's, anfangen!".

3.2.2 Bewegung

Es gibt eine ganze Reihe von Möglichkeiten, dem Bewegungsbedürfnis der Kinder nachzukommen und dies zu kanalisieren. Zusätzliche Bewegung parallel zu bestimmten Aufgaben oder zwischen verschiedenen Aufgaben(teilen) leisten Abhilfe bei hohem Bewegungsdrang und erleichtern es dem Kind, seine Aufmerksamkeit neu auszurichten. Beispiele dafür sind:
- Botengänge arrangieren,
- Toilettengänge und häufige Ausflüge zum Papierkorb stillschweigend dulden, vorausgesetzt, es entsteht keine Störung beim Gehen und Kommen,
- Klassenämter anbieten, bei denen das Kind sich bewegen kann (Hefte austeilen, Materialien herrichten, Begrüßung),
- Sitzposition frei auswählen lassen,
- zu große Nähe zu anderen Kindern vermeiden (im Sitzkreis, beim Sport),
- häufig Aufgaben anbieten, die eine selbstständige Kontrolle ermöglichen, wobei die Lösungen an einem anderen Platz im Klassenzimmer eingesehen werden können,
- Aufgaben lösen lassen bei gleichzeitigem Einsatz von motopädagogischen Elementen (Laufdollis, Wippe, Pedalo etc.).

Beispiele:

Maßnahme	Inhalt	Kommentar
Spielen, Kauen erlauben	Das Kind kann seinem Bewegungsdrang mit vereinbartem Material nachgeben.	– Wenn man ihm die Schere zum Spielen wegnimmt, wird es spätestens nach einigen Minuten vielleicht den Zirkel oder einen Bleistift haben, mit dem es spielt, klappert oder dem Nachbarn vor dem Gesicht herumfuhrwerkt. Ein Handschmeichler ist ungefährlich, leise und erfüllt vielleicht trotzdem das Bedürfnis des Kindes. – Warum nicht Kaugummi, wenn die Schulordnung es zulässt?
Sitzgelegenheit	Das Kind kann zwischen Stuhl und Ball als Sitzgelegenheit wechseln, evtl. auch Kniestuhl.	Die runden Bewegungen auf dem Ball stören weniger als das gefährliche Kippeln mit dem Stuhl.
Sitzposition auswählen lassen	Das Kind kann stehen, knien oder im Schneidersitz eine ihm angenehme Position einnehmen.	Die Arbeitshaltung (körperlich) hyperaktiver Kinder, die sitzen müssen, ist bei genauerem Betrachten auch nicht günstiger als beim Knien oder Stehen.
Klassenämter	Das Kind bekommt möglichst solche Ämter übertragen, die entweder seinem Bewegungsdrang oder seinem Hunger nach Aufmerksamkeit entgegenkommen, z. B. Overhead-Projektor vorbereiten, Mediendienst, Begrüßung von Gästen, Pausenbestellung abholen, Tafel wischen etc.	Warum soll man dem Kind nicht freiwillig geben, was es sich meist zu unpassenden Gelegenheiten ohnehin holt?

Maßnahme	Inhalt	Kommentar
Pausen gewähren	Das Kind darf, ohne zu fragen, die Toilette aufsuchen. (Nur bei Kindern, bei denen sichergestellt ist, dass sie nicht weglaufen!)	Häufig müssen die Kinder gar nicht wirklich austreten. Sie verschaffen sich auf diese Weise ein Ventil, wenn sie es in der Klasse nicht mehr aushalten. Die Duldung dieser Auszeiten hat zur Bedingung, dass das Kind beim Verlassen und Betreten der Klasse niemanden stört.
Aufgaben- immanente Bewegung	Bei der Bearbeitung einer Aufgabe muss ein Teil der Aufgabe an anderer Stelle gelöst werden. (Laufdiktat etc.) – Motopädagogische Parcours	– Bewegung wird gestattet, die Konzentrationsspanne ausgedehnt, wenn ein Kind z. B. einen Satz aus Wortkarten an einer bestimmten Stelle im Klassenzimmer auslegt, auf dem Computer schreibt etc., dann zu seinem Platz geht und diesen ins Heft schreibt. – **Aber:** Der Weg darf nicht zu lang sein und vor allem nicht an zu vielen Kindern vorbeiführen, sonst wird die Aufgabe tatsächlich vergessen und die Gelegenheit für Händel mit anderen ist zu einladend. – **Aber:** Die Auswahl für hyperaktive Kinder auf nur 1–2 Bewegungsaufgaben beschränken. Besonders strikte Regeln sind nötig, sonst „flippen" die Kinder regelrecht aus.

Freiarbeit und Stationentraining[7] kommen einerseits dem Bewegungsdrang der Kinder entgegen, bergen aber die Gefahr in sich, dass die Kinder sich in der vermeintlichen Freiheit ausagieren. Häufig sind sie am Anfang mit diesen Unterrichtsformen überfordert und müssen erst langsam herangeführt werden. Für die Planung bedeutet das z. B.:

---

[7] Beim Stationentrainig werden verschiedene Arbeitsangebote und Arbeitsaufträge über einen Raum verteilt. Die Schüler wandern von einer „Station" zur nächsten und erfüllen die an dieser Stelle geforderte Aufgabe.

– zunächst nur wenige Stationen anbieten,
– das Kind sofort herausnehmen, wenn es zu stören beginnt,
– bei der Freiarbeit eine Vorauswahl für das Kind treffen; zunächst nur zwischen zwei Möglichkeiten auswählen lassen; mit der Zeit die Auswahlmöglichkeiten erweitern.

Beispiel einer Entscheidungssituation:

> Andreas (1. Kl.) durfte sich, an einem besonders schönen Ferientag, ausnahmsweise ein Eis ganz nach Geschmack (ohne preisliches Limit) aussuchen. Nachdem der Eisverkäufer bereits fünfmal an die Truhe gegangen war, um immer wieder ein anderes Eis zu holen, konnte er seine Höflichkeit der Kundschaft gegenüber nur noch mühsam aufrechterhalten. Andreas' Mutter standen vor Peinlichkeit schon die Schweißperlen auf der Stirn. Es war jedoch noch immer kein Ende des Auswahlprozesses abzusehen. Es endete damit, dass Andreas an diesem wunderschönen Ferientag kein Eis bekam.

3.2.3 Strukturen

Kinder mit Aufmerksamkeitsstörungen lösen Aufgaben besser, wenn diese klar vorstrukturiert sind und wenn zusätzlich Erinnerungshilfen gegeben werden. Aufgaben werden in kleinere Schritte unterteilt, sodass die Einzeltätigkeit und die Arbeitszeit überschaubar sind. Zerlegt man eine Aufgabe in handhabbare Einheiten, die nacheinander bearbeitet werden können, so gelingt es den Kindern eher auf Details zu achten und die Information vollständig zu entnehmen (vgl. *Lauth & Schlottke* 1997). Andernfalls neigen sie dazu, infolge ihrer impulsiven Arbeitsweise, vieles zu übersehen und mit der unvollständigen, halbverstandenen Information weiterzuarbeiten.

Eine sinnvolle Möglichkeit ist das Arbeiten mit einigen wenigen farblichen Markierungen oder Symbolen. So kann ein rotes Viereck beispielsweise bedeuten: „Warte noch!" Ein grüner Kreis signalisiert dem Kind: „Fang mit der Arbeit an!" Auf gleiche Art können aber auch Kinder Signale an die Lehrerin geben: „Ich brauche Hilfe!", signalisiert ein Kärtchen mit einem Fragezeichen auf der Schulbank (vgl. *Kretschmann, Dobrindt & Behring* 1997).

Beispiele:

Maßnahme	Inhalt	Kommentar
Abknicken des Aufgabenblattes	Nur die momentan zu bearbeitende Aufgabe ist sichtbar. Ältere Kinder können auch einfach mit einem Abdeckblatt arbeiten.	– Es gelingt dem aufmerksamkeitsgestörten Kind leichter, die Aufmerksamkeit zu fokussieren. – Die Menge des bisher Erreichten wird deutlicher sichtbar. – Rhythmisierung wird angedeutet. – Je nach Kind evtl. nach jedem neuen Knick eine zusätzliche Pause mit Bewegungsaufgaben einplanen.
Portionieren	Das Kind bearbeitet ein Pensum in vorgegebenen, mit ihm besprochenen Teilmengen. Erreichte Teilziele werden bestätigt, es wird zur Weiterarbeit (neues Teilziel) motiviert.	– Zunächst wird dem Kind ein zu erreichendes Teilziel genannt (1. Kästchen einer ganzen Aufgabe aus dem Buch, die aus 3 Kästchen besteht). – Die Erwartung (Forderung) muss klar formuliert werden: „Ich weiß, dass du das schaffen kannst." – Lob, Bestätigung und weitere Motivation müssen erfolgen: „Prima, dass du es schon geschafft hast. Ich bin sicher, dass du mit dem 2. Kästchen auch noch fertig wirst." – Auch mit einer angemessenen (!) Teilmenge sollte der Lehrer zufrieden sein.
Signalkarten, Checkliste	Das Kind bearbeitet seine Aufgaben, geführt durch Signalkarten oder eine Checkliste (z. B. *Lauth/Schlottke*). Diese Karten müssen individuell ausgewählt werden.	– Dadurch wird ein komplexer Ablauf in kleinere Portionen zerlegt. – Selbst wenn das Kind zwischendurch „abdriftet", kann es nach Ermahnung/Ermutigung den Faden wieder aufnehmen. – Vor allem jüngere Kinder lassen sich gerne auf Signalkarten ein. Bei den Älteren sollte eine passende Checkliste erarbeitet werden.

Beispiel für Signalkarten:

> Während des Unterrichts (1. Kl.) verhielt sich Manuel sehr unruhig, zappelte, verließ seinen Platz, rief dazwischen und störte während der Stillarbeit die anderen Kinder. Die Lehrerin ging durch die Reihen, beantwortete Fragen und half mehreren Kindern. Nach einer störenden Aktion von Manuel ging sie zu ihm und legte ihm etwas auf den Tisch. Ein Ruck ging durch Manuel, er setzte sich auf seinen Platz und fing an zu arbeiten. Wie sich herausstellte, war dieses Etwas ein Kärtchen mit einem Ausrufezeichen. Für Manuel bedeutete dies: Das ist die letzte Ermahnung. Beim nächsten Mal erfolgt eine Sanktion.

Gute Erfahrungen wurden auch mit dem Einsatz einer deutlich lesbaren Uhr gemacht. So kann die Zeitstruktur sichtbar gemacht werden. Allerdings setzt das ein Zeittraining voraus, bei dem Kinder erspüren, wie lang eine Minute ist. Das ist bei aufmerksamkeitsgestörten Kindern besonders schwierig, da sie oft kein Verhältnis zur Zeit haben. Gerade Wartezeiten oder unendlich lang scheinende Übungsphasen sind für das Kind besser zu bewältigen, wenn es vorher weiß, wie lange der Arbeitszeitraum sein wird. Auch Verrichtungen, z. B. das Umziehen für den Sportunterricht und das Fertigmachen für den Heimweg, werden stressfreier erledigt, wenn vorher vereinbart und erkennbar wird, wie viel Zeit das Kind dafür benötigen darf (vgl. *Fraser, Belzner & Conte* 1992). Diese Form der Vereinbarung legt die Regeln für alle Beteiligten klar. Das Kind weiß, in welchem Zeitraum die Aufgabe zu erledigen ist, und die Lehrkräfte wissen, dass sie während dieses Zeitraumes nicht drängen, reinreden und hetzen dürfen. Allerdings können viele aufmerksamkeitsgestörte, hyperaktive Kinder die Einschätzung von Arbeitszeit und Zeitphasen nie erlernen, da ihnen reales Zeitempfinden fehlt.

Beispiel:

Maßnahme	Inhalt	Kommentar
Zeittraining	Dem Kind werden Zeiträume bewusst (spürbar gemacht).	– In einem ersten Schritt lernen die Kinder am eigenen Körper, wie lange eine Minute ist: „Wie lange kannst du die Luft anhalten? Steh zehn Sekunden lang auf einem Bein, halte eine Minute lang die Arme ausgestreckt, die Augen geschlossen etc.!"[8] – Im zweiten Schritt lernen die Kinder ihren eigenen Zeitbedarf für ihre Arbeiten einzuschätzen: „Das sind sieben Zeilen, wie lange wirst du dafür brauchen?" Die Kinder können erstaunlich schnell eine realistische Einschätzung abgeben.

---

8 Diese Übungen sind für manche Kinder sehr schwierig, eine Minute mit geschlossenen Augen für einige völlig unmöglich.

Maßnahme	Inhalt	Kommentar
		– In der Anwendung, z. B. bei Übungsaufgaben, bekommen sie dann über die tatsächlich benötigte Zeit die Rückmeldung vom Lehrer. Entweder fällt sie positiv aus oder aber es muss „verlorene" Zeit gesucht werden. Dadurch wird dem Kind bewusst gemacht, dass und wie es seine Zeit vergeudet (durch Träumen, Trödeln, überflüssige Aktivitäten etc.).

3.2.4 Strategien

Bei hyperaktiven Kindern ist oft eine überstürzte und wenig planvolle Vorgehensweise bei der Bewältigung von schulischen Aufgaben zu beobachten. *Wagner* (1990, 1994) hat vorgeschlagen, zur Steuerung der Konzentration und zur Kontrolle der Impulsivität den Kindern geeignete Strategien zu vermitteln, die ein zielgerichtetes Vorgehen erlauben. Wichtig ist, dass ihnen die Strategien jeweils auch modellhaft vorgeführt werden. Diese acht Strategien sind:

Aufgabenanalyse: *Was genau ist meine Aufgabe?*
Bei dem impulsiven Arbeitsstil der Kinder ist oft zu beobachten, dass sie ganz geschäftig mit einer Aufgabe beginnen, die sie vermeintlich verstanden haben. Doch schon nach kurzer Zeit kommen sie in Schwierigkeiten, weil sie die Aufgabenstellung nicht durchdacht haben, sie kommen nicht weiter, verlieren die Lust und geben auf. Der erste Schritt wäre daher, mit ihnen die Aufgabenanalyse einzuüben: Wie heißt die Aufgabe genau?

Materialanalyse: *Was habe ich hier alles, was brauche ich?*
Die Kinder lernen, dass Aufgaben dann erfolgreich bewältigt werden können, wenn man sich vor Beginn der Arbeit zunächst klarmacht, welche Hilfsmittel benötigt werden und wie man diese bereitstellen kann.

Zielanalyse: *Wo will ich hin und wie kann ich das erreichen?*
Die Kinder werden dazu angehalten, wie ein schrittweises Vorgehen geplant und ausgeführt werden kann. Ist eine Aufgabe in kleinere Teilschritte zerlegt, dann werden auch Teilerfolge sichtbar.

Konfliktanalyse: *Warum komme ich nicht weiter?*
In dieser Arbeitsphase geht es darum zu lernen, wie man konstruktiv mit Schwierigkeiten umgehen kann. Die Kinder lernen mithilfe der Lehrkraft, dass unerwartete Schwierigkeiten kein Grund sein müssen, die Flinte ins Korn zu werfen, sondern dass die Probleme systematisch und lösungsorientiert analysiert werden können. Auf diese Weise müssen auch nicht alle ungelösten Aufgaben als Mangel an Fähigkeiten oder Kompetenz interpretiert werden. Es können weitere Informationen oder Hilfestellung eingefordert werden.

Formulierung von Teilzielen: *Was ist der nächste Schritt?*
Da es den Kindern schwerfällt, ein noch weit entferntes Ziel im Auge zu behalten, ist es hilfreich, die Kinder dabei zu unterstützen, Teilziele zu formulieren und auch deutlich zu machen, wann diese Teilziele erreicht sind. So ist es möglich, den Kindern Erfolgserlebnisse zu vermitteln, damit sie bei der Sache bleiben.

Bewältigung von Frustrationen: *Fehler kann man ausbessern!*
Schwierigkeiten, Fehllösungen oder Scheitern an einer Aufgabe sind nicht grundsätzlich vermeidbar. Die Frage ist nur, wie man mit auftretenden Schwierigkeiten zurechtkommt. Lehrkräfte können als Modell dafür dienen, wie man mit Problemen umgeht: Fehler kann man beheben; Fehler kann man zu vermeiden versuchen, z. B. indem man eine Pause einlegt und erst weiterarbeitet, wenn man sich wieder besser konzentrieren kann; die Ursache von Fehlern muss man nicht immer undifferenziert bei sich selbst suchen, man kann auch lernen, andere stichhaltige Ursachen für Schwierigkeiten zu finden. Wenn ein Kind beispielsweise eine bestimmte Rechenaufgabe nicht lösen kann, ist es für die weitere Motivation ein Unterschied, ob es dieses Scheitern darauf zurückführt, dass es „sowieso noch nie Mathematik gekonnt hat und dies auch nie lernen wird", oder ob es feststellt, dass es eine bestimmte Aufgabenart einfach noch nicht beherrscht und noch üben muss. Die erste Erklärung lässt keinen Spielraum für Veränderung aus eigener Anstrengung, die zweite aber durchaus.

Aufforderung zum Zeitlassen: *Kleine Pause! Ich darf mir Zeit lassen.*
Kinder unterscheiden sich sehr stark im Arbeitstempo. Bei hyperaktiven Kindern kann man oft ein impulsives und gehetztes Arbeiten beobachten. Daher ist es für sie wichtig zu erkennen, dass sie nicht hasten müssen, dass ihnen so viel Zeit gewährt wird, wie sie benötigen, was aber kein Freibrief zum Trödeln sein darf.

Bewertung von (Teil-)Ergebnissen: *Bis jetzt ist alles richtig. Das habe ich gut gemacht.*
Für die Kinder ist es wichtig, unmittelbar und direkt Rückmeldung und Bestätigung über die erreichten (Teil-)Ziele zu bekommen. Ein Lob bei der Bewältigung eines Zwischenschrittes kann ein Kind dazu motivieren, bei der Sache zu bleiben. Die Bewältigung einer (Teil-)Aufgabe zeigt dem Kind, dass es etwas kann, und spornt zur weiteren Beschäftigung mit einer Sache an (vgl. *Wagner* 1994, S. 31).
Typisch für das impulsive und unkonzentrierte Vorgehen ist, dass die Kinder die gelernten Strategien vermischen, Arbeitsschritte überspringen oder gar abbrechen und am Ende ein unbefriedigendes Ergebnis erzielen. Deshalb müssen die genannten Strategien schrittweise eingeübt werden. Am Anfang wird man sich auf einige wenige konzentrieren.

3.2.5 Selbstständiges Kontrollieren

Das aufmerksamkeitsgestörte Kind hat Schwierigkeiten, seine eigene Arbeit kontrollierend zu wiederholen. Daher muss es durch konkrete Überprüfungsaufträge unterstützt werden. Eine globale Anweisung: „Schau noch mal nach, ob du alles richtig hast!", wird wenig nützen. Dagegen sind ganz gezielte Anweisungen besser zu befolgen, z. B. „Schau mal in der ersten Zeile nach, da sehe ich einen Fehler!", oder in einer höheren Klassenstufe: „Kontrolliere, ob du die Namenwörter großgeschrieben hast!". Günstig ist es auch, wenn bei der Überarbeitung eine Variante dazukommt, z. B. wenn das Kind die Überarbeitung in einer anderen Farbe machen darf. Zum einen kann das eine erneute Motivation bedeuten, zum anderen wird dem zusätzlichen Stimulationsbedürfnis Rechnung getragen (vgl. *Imhof* 1994, 1995a). Mit dem Kind können auch bestimmte Kontrollmöglichkeiten vereinbart werden, die ihm helfen, nach und nach die Selbststeuerung bei der Korrektur zu übernehmen. Beispielsweise:

– schriftlich auflisten, was der Reihe nach zu tun ist; wenn eine Aufgabe erledigt ist, wird sie durchgestrichen.
– eine Uhr einsetzen, um die Arbeitszeit zu strukturieren und dem Kind den Erfolg sichtbar zu machen: „Jetzt hast du schon lange durchgehalten!" Das Kind erhält nicht erst Rückmeldung, wenn es eine bestimmte Aufgabe vollständig erledigt hat, sondern wenn es eine bestimmte Zeit aufgabenorientiert tätig war.[9]
– Arbeitsecken im Klassenzimmer einrichten, in denen das Kind in aufmerksamkeitsintensiven Situationen ungestört arbeiten kann.
– das benötigte Arbeitsmaterial bereitstellen und prüfen, bevor eine Aufgabe angefangen wird, damit es keine „Entschuldigung" für Unterbrechungen gibt.

3.2.6 Selbstkontrolle

Krowatschek (2000a) versucht anhand eines Konzentrationstrainingsprogramms, mit Kindern eine Selbstkontrolle des impulsiven Verhaltens zu erarbeiten. Die Kinder üben, sich selbst zu instruieren, langsam, bedacht und überlegt vorzugehen. Als Symbol für langsames, aber doch zielstrebiges Voranschreiten führt er die Schildkröte ein. Sie soll als gedankliches Stoppschild eingesetzt werden. Mit einem „Halt, ich überlege noch einmal, ob ich alles bedacht habe!" soll das Kind seine spontane (und meist überhastete) Reaktion verzögern. Durch diese Handlungsverlangsamung kann es ihm eher gelingen, angemessen zu reagieren oder Aufgaben zu lösen.

3.2.7 Rückmeldung – Lob

Für die Kinder mit Aufmerksamkeitsstörungen ist es wichtig, dass sie möglichst unmittelbar Rückmeldung bekommen. Sie brauchen häufiger als andere Kinder ein ganz konkretes Lob über gelungene Teilschritte. Sie sind recht schnell irritiert, wenn unmittelbares Lob ausbleibt, und kommen bei unregelmäßigem Lob mit dem Wechsel nur schlecht zurecht (vgl. *Skrodzki*, 1993). Ähnliches gilt auch für zeitlich verzögertes Lob. Sie sind mehr als andere darauf angewiesen, dass sie die Rückmeldung der Lehrerin eindeutig einer bestimmten Verhaltensweise oder Leistung zuordnen können.

---

9 Die Uhr ist jedoch nicht für jedes Kind geeignet. Sie bringt manche Kinder in Panik, weil sie ständig nachsehen, wie viel Zeit vergangen ist und wie viel noch übrig ist. Dadurch kommen sie dann gar nicht zum Arbeiten.

4 Hausaufgaben

4.1 In der Schule

Hausaufgaben beginnen in der Schule. Für die meisten Lehrerinnen und Lehrer ist es selbstverständlich, dass die Hausaufgaben gut vorbesprochen werden, sodass jedes Kind eigentlich wissen müsste, was es zu tun hat. Bei den vielfachen Problemen von aufmerksamkeitsgestörten, hyperaktiven Kindern – und auch noch bei den Jugendlichen – erscheint es sinnvoll, sich etwas mehr Gedanken um die Vorbereitung und das Notieren von Hausaufgaben zu machen. Nicht immer wird ausreichend Zeit gegeben, die Hausaufgaben aufzuschreiben. Die folgenden Beispiele stammen aus der Schulpraxis:
- In vielen Schulen sind die Hausaufgaben an einer Seitentafel notiert, immer am gleichen Platz, nach dem gleichen Schema (Strukturierung).
- Bei jüngeren Kindern, die noch nicht schreiben können, wird mit Symbolen gearbeitet. Darüber hinaus haben die Kinder eine Hausaufgabenmappe, in die täglich alles hineinkommt, was fertiggestellt werden muss bzw. Hausaufgabe ist.
- Bei einzelnen Kindern kontrolliert die Lehrkraft den Eintrag ins Hausaufgabenheft. Dies ist als Übergangslösung zu akzeptieren und wird vielfach praktiziert. Dazu gehört das Gegenzeichnen der Eltern. Das Ziel sollte auch bei aufmerksamkeitsgestörten Kindern die selbstständige Aufzeichnung sein.[10]
- In einigen Klassen gibt es auch einen festen Zeitpunkt, z. B. zehn Minuten vor Stunden- oder Schulschluss, wo es ausschließlich um das Notieren der Hausaufgaben geht.

Ebenso wichtig wie die ausführliche und klare Vorbereitung der Hausaufgaben ist die Nachbereitung oder Kontrolle. An sehr vielen Schulen – zunehmend mit dem Alter der Schüler – wird dieser Teil gar nicht oder unzureichend beachtet. Besonders für die aufmerksamkeitsgestörten, hyperaktiven Kinder, aber auch für alle anderen Kinder mit Schulschwierigkeiten ist es wichtig, dass ihre Anstrengung zu Hause zur Kenntnis genommen wird und sie darin bestärkt werden, sich auch beim nächsten Mal anzustrengen. Wünschenswert – wenn Hausaufgaben überhaupt gestellt werden – wäre etwa folgendes Vorgehen:
- Täglich wird überprüft, ob die Hausaufgaben in angemessener äußerer Form erledigt wurden.
- Die Kinder werden darüber aufgeklärt, dass das Abhaken (quantitative Kontrolle), nur bedeutet, dass die Aufgabe als gemacht gilt, nicht aber Auskunft über Fehlerfreiheit gibt (keine qualitative Kontrolle).
- Das Vergessen oder eine nicht gemachte Hausaufgabe muss angemessene Konsequenzen haben. (Ein nochmaliges Abschreiben der Nachschrift, nachdem diese bereits eingetragen ist, ergibt wenig Sinn und hat den Charakter von Strafarbeit.

---

10 Die meisten Kinder sind sehr lang auf solche Kontrollen angewiesen, meist viel länger als Lehrkräfte bereit sind, diese Kontrollen durchzuführen.

Außerdem ist der Schreibvorgang u. U. gerade die Klippe, an der das Kind scheitert.)
- Wer etwas vergessen hat, hat die Chance, es bis zum nächsten Tag nachzuholen.
- Bei notorischen „Vergessern" werden die Eltern täglich über das Ausmaß nicht gemachter Hausaufgaben informiert (kopiertes Formblatt).
- Einmal pro Woche gibt es am Nachmittag einen „Nachholtermin" für ein Übermaß an Vergessenem und für Nicht-Nachgearbeitetes. Das Kind hat dann die Gelegenheit, unter Aufsicht der Lehrkraft die Arbeiten zu vervollständigen.

Sofern diese Maßnahmen für weiterführende Schulen mit Fachlehrerprinzip als nicht durchführbar eingeschätzt werden, kann man dort auf besonders motivierende Hausaufgaben ausweichen, z. B. Arbeiten am Computer, Recherchen im Internet.

Dieses Bündel von Maßnahmen stellt hohe Anforderungen an die Lehrkräfte. Sie sollen nachschauen, ob der/die „Schlamper/Schlamperin" alles aufgeschrieben hat, müssen notieren, was fehlt, und sollen sich auch noch einen Nachmittag in die Schule setzen. In der Praxis hat sich dieses Vorgehen jedoch als recht erfolgreich erwiesen und viele Lehrerinnen und Lehrer sind auch bereit dazu.

4.2 Zu Hause

Die Probleme, die zu Hause aus der Hausaufgabensituation bei aufmerksamkeitsgestörten, hyperaktiven Kindern fast zwangsläufig entstehen, wurden schon angesprochen (vgl. Teil 2 Kapitel 1.3.2). Auch in dieser Situation ist all das wichtig, was über Regeln, Strukturen und andere Hilfen gesagt wurde. Lehrkräfte können Eltern wertvolle Hinweise geben, wie die Hausaufgabensituation aus der Sicht der Schule optimal wäre. Schließlich haben sie im Schulalltag schon häufig Erfahrungen mit schwierigen Kindern gemacht, während es bei den Eltern vielleicht das erste und einzige Kind mit Problemen sein kann. Folgende Strategien können als hilfreicher Rahmen gesehen werden:
- Günstig sind festgelegte Hausaufgabenzeiten. Jede Familie muss für sich herausfinden, welche Zeit für die Hausaufgaben am besten passt. Das kann auch erst am Abend sein.
- Das Kind hat die Pflicht, alles aus der Schule mit nach Hause zu nehmen, um die Hausaufgaben machen zu können.
- Wenn etwas vergessen wurde, muss das Kind **selbst** dafür sorgen, dass es zu den fehlenden Dingen kommt, z. B. nochmals in die Schule gehen, den Hausmeister bitten, zu einem Schulkameraden gehen und sich Buch, Blatt oder Heft ausborgen. Dieses Selbst-zuständig-Sein beinhaltet auch, dass u. U. eine bevorzugte Freizeitaktivität an dem Nachmittag ins Wasser fällt.
- Wenn das Kind sich nicht auskennt, telefoniert es **selbst** mit einem Schulkameraden oder geht zum Nachbarn.
- Grundsätzlich ist das Kind für seine Arbeit verantwortlich und nicht die Mutter.

- Eltern oder Mütter sollen bei den Hausaufgaben nicht dauernd neben dem Kind sitzen, aber doch stets in der Nähe sein. In vielen Fällen wird es nötig sein, das Kind mit einem ständigen „Weiter! weiter!" bei der Arbeit zu halten.
- Wichtig ist es aber, dass Eltern Anteil an der Arbeit ihres Kindes nehmen, z. B.:
  - „Was hast du heute auf?"
  - „Womit möchtest du anfangen?"
  - „Kennst du dich aus?" (Falls erforderlich, eine Rechnung vormachen lassen, nochmals erklären ...)
- Vor Beginn der Arbeit sollte das Kind all das erledigen, was zu Unterbrechungen führen kann, z. B. etwas trinken, auf die Toilette gehen. Es sollte eine Zeit benennen, die es für die Arbeit veranschlagt, und sich einen Kurzzeitwecker zur Orientierung aufstellen.
- Der „Aufgabenberg" muss je nach Entwicklungsstand des Kindes strukturiert werden, etwa so: „Wenn du diese Aufgabe, dieses Kästchen, diesen Abschnitt, fünf Zeilen fertig hast, kannst du mich rufen, kannst du zu mir kommen und es mir zeigen." (Damit sind automatisch kleine Pausen und Bewegungsmöglichkeiten eingeplant.)
- Wenn die Hausaufgaben erledigt sind, ist eine kritische Würdigung sinnvoll:
  - „Heute hast du ... Minuten/Stunden gebraucht. Da bleibt noch Zeit für ..."
  - „Die Rechnungen kannst du jetzt schon gut."
  - „Beim Schreiben sind dir die ... heute sehr gut gelungen."
  - „Du musst noch besser auf die Zeilen achten."
  - „In diesem Kästchen, dieser Zeile (je nach Alter auch Seite) steckt noch ein Fehler. Ich bin gespannt, ob du ihn selbst findest."
- Als ein sich immer wiederholender Abschluss (Ritualisieren von Abläufen!) bietet sich an, die Stifte zu spitzen, den Stundenplan für den nächsten Tag anzuschauen (Sportsachen nicht vergessen!), die Schultasche zu packen – fertig für heute! Es sollte klar sein, dass dies Aufgaben des Kindes sind, nicht der Mutter.

Beispiel Arbeitspausen:

> Andreas (3. Klasse) konnte stundenlang Hausaufgaben machen und die ganze Familie den ganzen Nachmittag lahmlegen. Um das abzustellen, besprach die Mutter mit ihm die Hausaufgabe, teilte diese in kleine überschaubare Abschnitte ein und legte pro Abschnitt ein Bonbon auf die Fensterbank vor Andreas' Schreibtisch. Nach jedem erledigten Abschnitt wurde kontrolliert, gelobt und ein Bonbon gegessen. Eine deutliche Entspannung der Hausaufgabensituation stellte sich ein.

4.3 Hausaufgabenvereinbarung zwischen Schule und Eltern

Bei aufmerksamkeitsgestörten, hyperaktiven Kindern ziehen sich die Hausaufgaben oft stundenlang hin. Selbst wenn der ganze Nachmittag durch die Aufgaben ausgefüllt war, ist es nicht sicher, ob das Kind alles erledigt hat. Häufig kommt am nächsten Tag der Hinweis aus der Schule, dass die Hausaufgaben unvollständig gemacht wurden, das Wichtigste fehlte oder gar etwas Falsches bearbeitet wurde. In der Familie werden Hausaufgaben zur Katastrophe – belastend für alle. Aus diesem Grund ist es notwendig, dass sich Eltern mit Klassenlehrerin oder -lehrer auf ein vernünftiges Maß an Hausaufgaben einigen, z. B.:

a) Feste Hausaufgabendauer:
– Je nach Jahrgangsstufe **darf** das Kind z. B. in der Grundschule von einer halben bis zu einer ganzen Stunde an den Hausaufgaben arbeiten. Jeweils zehn Minuten werden zur durchschnittlichen Arbeitsdauer für Leseübungen, 1×1-Lernen, Sachhefte-Überarbeiten, Lernen von Vokabeln usw. dazugezählt.
Wenn die Zeit beendet ist, **muss** das Kind aufhören.
– Die Lehrkraft entscheidet am nächsten Tag, ob das geschaffte Pensum reicht oder ob nachgearbeitet werden muss. Sie kann sehr gut beurteilen, was das Kind schaffen kann oder nicht. Damit ist eine dem Kind angemessene Differenzierung gegeben und viel Zündstoff aus der Eltern-Kind-Beziehung genommen.
– Es ist auch Aufgabe der Lehrkraft, dem Kind deutlich zu verstehen zu geben, wenn es zu wenig gearbeitet hat, bzw. was noch wichtiger ist, durch Verstärkung das Kind weiter anzuspornen.

b) Vereinbarung über das Nacharbeiten:
– Mit den Eltern muss geklärt werden, wie sie über eine angesetzte Nacharbeit informiert werden wollen, welcher Tag sich anbietet und wer das Kind ggf. von der Schule abholt.
– Alle Vereinbarungen werden mit den Eltern **und** dem Kind besprochen!

Die Hausaufgabenvereinbarung sollte auch Platz für positive Rückmeldungen bieten!

> Die Mutter von Felix (1. Kl.) bittet die Lehrerin am Freitag im Hausaufgabenheft doch immer zu vermerken, was in der vergangenen Woche gut geklappt hat. Sie könne dann den ganzen Stress mit Felix besser aushalten.

In höheren Jahrgangsstufen müssen jeweils individuell Abmachungen mit den Lehrern getroffen werden. Hier wird es vor allem darum gehen, gewisse äußere Erleichterungen für die Kinder und Jugendlichen zu suchen, z. B. Arbeiten am Computer schreiben zu lassen, um die Frustration mit der meist unleserlichen Handschrift nicht zum Zentrum der Arbeit zu stilisieren.

5 Außerunterrichtliche Aktivitäten

Lehrkräfte, die einen Schullandheimaufenthalt, Museumsbesuch, Wandertag usw. planen und ein aufmerksamkeitsgestörtes, hyperaktives Kind in der Klasse haben, stehen immer wieder vor den Fragen:
– Kann ich es riskieren, sie/ihn mitzunehmen?
– Soll ich noch eine weitere Aufsichtsperson (Eltern) mitnehmen?
– Wird sie/er uns wieder alles kaputt machen?
– Soll ich sie/ihn von der Unternehmung ausschließen?
– Was kann ich tun, damit es klappt?

Auch hier gibt es wieder kein „Rezept". Es ist durchaus möglich, dass die Kinder in diesen besonderen Situationen, in denen viele neue und interessante Reize auf sie einströmen und der Bewegungsdrang ausgelebt werden kann, ohne dass es stört, völlig unauffällig bleiben. Umgekehrt können diese Kinder jedoch solche Unternehmungen tatsächlich zum Scheitern bringen und Mitschülern und Lehrkräften jede Freude nehmen.

> „Eigentlich wäre es recht schön gewesen, wenn Thomas nicht dabei gewesen wäre", berichtete Maxi (4. Kl.) nach einer Woche Schullandheimaufenthalt.

In jedem Fall dürfte es sinnvoll sein vorzubeugen, indem man:
– die Klasse und vor allem das hyperaktive Kind darauf vorbereitet, was an diesem Tag, in dieser Woche auf alle zukommt. Dabei muss auch besprochen werden, was die Lehrkraft von jedem Einzelnen erwartet und worauf es ankommt (Umsteigen vom Bus zur Bahn, Zimmerverteilung nach der Ankunft, Anweisungen des Museumspersonals, Einkehr in eine Ausflugsgaststätte usw.).
– für die ganze Klasse oder nur für ein einzelnes Kind ein Partnersystem aufbaut.
– das hyperaktive Kind durch kleine (verantwortungsvolle) Aufträge, aber auch durch Regeln in den Programmablauf einbindet, z. B. „Du achtest bitte darauf, dass kein Kind zurückbleibt!", „Du könntest mir helfen und dafür sorgen, dass die Gruppe wirklich an jeder Gabelung auf die anderen Kinder wartet!", „Beim Umsteigen bist du immer neben mir!", „Du trägst die blaue Fahne, damit wir uns auf dem Bahnhof nicht verlieren!". Es ist wichtig, dass diese Aufträge den individuellen Eigenschaften des Kindes entsprechen und genau auf Schwerpunkte und Defizite seines Verhaltens abgestimmt sind.
– mit Kindern, bei denen man größte Bedenken hat sie mitzunehmen, eine Bewährungszeit vereinbart. Es wird vereinbart, welches – im Hinblick auf die Unternehmung – wichtige Verhalten in den nächsten ein bis zwei Wochen gezeigt werden muss, damit das Kind mitfahren darf. Natürlich muss diese Vereinbarung mit dem Kind und den Eltern besprochen werden. Wichtig ist, dass die angedrohte Maßnahme (zu Hause bleiben) auch wirklich getroffen wird, sollte das Kind die besprochenen Verhaltensweisen nicht zeigen.

- Hilfreich kann auch eine „Rückversicherung" sein: Mit den Eltern wird vereinbart, dass sie ihr Kind ggf. aus dem Schullandheim abholen. Die Lehrkraft kann sich so einigermaßen beruhigt auf das Risiko einlassen und für das Kind bedeutet es, dass sein Bemühen um angemessenes Verhalten nicht schon mit dem Start endet. Es ist jedoch wichtig, dass die Drohung, abgeholt zu werden, nicht ständig wie ein Damoklesschwert über dem Kind hängt. Mindestens einmal täglich muss es eine Rückmeldung darüber bekommen, wann sein Verhalten erfreulich war und wann es eine Regel übertreten hat. Ebenso wichtig ist es jedoch, das Kind auch wirklich abholen zu lassen, wenn es sich so weit außerhalb der Gemeinschaft stellt, dass die Freude an der außergewöhnlichen Unternehmung für die anderen Kinder nachhaltig beeinträchtigt wird.

  Bei allen Überlegungen und Skrupeln darf nicht außer Acht gelassen werden, welche positiven Auswirkungen ein gelungener Ausflug oder Schullandheimaufenthalt auf die Persönlichkeitsentwicklung des hyperaktiven Kindes hat und welche Erleichterung es für die Eltern bedeutet, wenn ihr Sorgenkind diese Hürde nehmen konnte.

- Falls Kinder mit Medikamenten behandelt werden, müssen sich die Lehrkräfte mit den Eltern in Verbindung setzen. Es gilt zu klären, ob das Kind (je nach Alter) seine Tabletten alleine nehmen kann und nur daran erinnert werden muss, oder ob es sinnvoller erscheint, dass die Lehrkraft die Tabletten aufbewahrt und die regelmäßige Einnahme direkt veranlasst. Auch Lehrkräfte, die aus persönlicher Überzeugung gegen eine Verabreichung von Tabletten eingestellt sind, dürfen hier nicht auf eigene Faust „es mal ohne versuchen". Sie müssen den Elternwillen respektieren und dürfen nicht in eine Therapie eingreifen.

6 Das kooperative Netz

6.1 Kooperation mit Eltern

Pädagogisches Handeln von Lehrerinnen und Lehrern bezieht immer auch die Zusammenarbeit mit den Eltern ein. Dies ist gerade im Umgang mit aufmerksamkeitsgestörten, hyperaktiven Kindern ein besonders sensibler Punkt. Eltern und Lehrkräfte sehen das Kind in jeweils unterschiedlichen Kontexten und haben jeweils unterschiedliche Probleme mit ihm. Eine wichtige Voraussetzung für eine sinnvolle Förderung des Kindes mit Aufmerksamkeitsstörungen ist der Versuch, gegenseitig für die auftretenden Probleme Verständnis aufzubringen.

Wenn eine Lehrkraft den Verdacht hat, dass ein Kind möglicherweise eine Aufmerksamkeitsstörung mit oder ohne Hyperaktivität hat, ist die Zusammenarbeit mit den Eltern besonders wichtig. Gleich mehrere Aufgaben, die ein hohes Maß an Einfühlungsvermögen und Behutsamkeit erfordern, kommen hier auf Lehrerinnen und Lehrer zu.

Zunächst gilt es herauszufinden, ob das Kind zu Hause ebenso schwierig ist, ob die Eltern auch unter dem Verhalten ihres Kindes leiden, ob sie schon Informationen über die Symptomatik der Hyperaktivität haben oder ob das Kind gar schon in Behandlung ist.

Ein Teil der Eltern ist völlig ahnungslos, ein anderer Teil halbinformiert und unsicher, ein dritter Teil außerordentlich gut informiert und kenntnisreich, alle kämpfen vergeblich gegen das ungebärdige Kind, bei dem nun in der Schule auch noch Leistungsprobleme hinzukommen. Sie haben sich zu ihrem eigenen Schutz veränderte Maßstäbe über das, was in ihrer Familie noch als „normal" gilt, zugelegt.

Man trifft aber auch auf Eltern, die ihr Kind schon einem Arzt vorgestellt haben. Sie leben längst mit der Diagnose, halten aber aus Angst und Vorsicht vor negativen Reaktionen – die sie schon oft erlebt haben – mit der Information der Schule gegenüber zurück. Immer wieder bekommt man zu hören, dass das Kind schon Medikamente bekommen habe, dass es die Tabletten aber nicht vertragen oder gemocht habe und dass die medikamentöse Therapie ohne Rücksprache mit dem Arzt abgesetzt wurde. Viele Eltern lehnen eine medikamentöse Therapie aber auch einfach ab.

Um diese Informationen überhaupt zu erhalten, muss eine Vertrauensbasis zwischen Eltern und Lehrkraft geschaffen werden. Sie ist gekennzeichnet von der gemeinsamen Sorge um das Kind und dem Fehlen jeglicher Schuldzuweisungen wegen eines vermeintlich schlecht erzogenen Kindes. Nur dann kann es gelingen, die Eltern erstmals oder erneut zu motivieren, ihr Kind bei den medizinischen Fachkräften (in der Regel Kinderheilkunde oder Kinder- und Jugendpsychiatrie) vorzustellen. Der Begriff „Psychiatrie" löst in weiten Kreisen der Bevölkerung Furcht und Schrecken aus. Dass die Lehrkraft hier nicht vorschnell mit einer Laiendiagnose: „Ihr Kind ist hyperaktiv!", operieren darf, versteht sich von selbst.

Viele Eltern müssen erst verstehen lernen, welche Schwierigkeiten das Verhalten ihres Kindes im Unterricht und im sozialen Umfeld der Schulklasse mit sich bringt.

Um kooperativ zu sein, übernehmen sie häufig anstelle ihres Kindes die Verantwortung und erledigen das, was ihr Kind vergessen hat, kaufen nach, was es verliert, hören manchmal auf berufstätig zu sein, um den ganzen Nachmittag mit ihm Hausaufgaben machen zu können, und bringen ihr Kind jahrelang zur Schule, damit die Schulwegprobleme wegfallen. Kurz gesagt, sie entmündigen das Kind und tragen aus übergroßer Sorge dazu bei, dass es sich nicht weiterentwickeln kann.[11] Bei der Beratung von Eltern muss daher stets Hilfe zur Selbsthilfe im Vordergrund stehen. Das ist jedoch häufig erst möglich, wenn eine Diagnose gestellt wurde und eine (oft auch medikamentöse) Behandlung eingeleitet wurde. Es gilt, gemeinsam angemessene Forderungen an das Kind zu stellen und angemessene Konsequenzen bei Nichterfüllen zu finden. Auf alle Fälle ist es erforderlich, klare Absprachen über die Verhaltensanforderungen zu treffen. Wenn diese zu Hause und in der Schule gleich sind, wird sich das Kind besser zurechtfinden. Eltern nehmen Vorschläge zur Verhaltenssteuerung meistens recht positiv auf, ob sie diese immer durchhalten können, steht auf einem anderen Blatt. Diese Absprachen sind von besonderer Bedeutung, wenn das Kind therapeutisch betreut wird. Die in der Therapie angestrebten Veränderungen zielen letztlich auch darauf ab, dass ein Transfer des neu gelernten Verhaltens auf die schulische Situation stattfindet. Kein anderer als die unterrichtende Lehrkraft kann Auskunft darüber geben, inwieweit sich die Verhaltensweisen des Kindes im Sinne der Therapieziele im Kontext Schule verändern. Daher ist die Expertenbeurteilung durch den Lehrer oder die Lehrerin eine unverzichtbare Informationsquelle sowohl für die Eltern als auch für die Therapeuten.

Für Lehrerinnen und Lehrer bedeutet das, dass die Elternarbeit weitaus umfangreicher wird, d. h. dass Gespräche mit Eltern häufiger stattfinden müssen als bei anderen Kindern. Es bringt Entlastung, wenn die Eltern sich zusätzlich z. B. an eine Erziehungsberatungsstelle wenden.

Damit die zeitliche Belastung durch die Zusammenarbeit in Grenzen gehalten wird, ist es sinnvoll, regelmäßige Telefontermine zu vereinbaren. Dabei darf aber eine klare Grenzziehung nicht versäumt werden: Lehrerinnen und Lehrer sind nicht die Telefonfürsorge und können nicht ständig verfügbar sein.[12] Um sich über das tägliche Geschehen auszutauschen, eignet sich zum Beispiel das Aufgabenheft des Kindes. Hilfreich und ermutigend kann es sein, an dieser Stelle auch kleine Fortschritte und Gelungenes zu notieren (vgl. auch Teil 2 Kapitel 2 „rosa Heft").

Die Zusammenarbeit zwischen Schule und Elternhaus muss so früh wie möglich beginnen, bevor das Kind zum Störer und Klassenclown oder Leistungsverweigerer wird und empörte Eltern der Mitschüler fordern: „Das Kind muss weg!" Wenn sich die Schwierigkeiten erst einmal so aufgeschaukelt haben, ist es meist schwer, das Kind wieder aus seiner Sündenbockrolle herauszuholen und überhaupt einen Faden in dem wirren Knäuel zu finden, an dem man ziehen kann.

---

11 Ein solches Verhalten ist verständlich, weil Eltern ständig Unfälle, Misserfolge und Schäden erlebt haben.
12 Hyperaktive Eltern können genauso wenig ihre Zeit strukturieren wie ihre Kinder und es besteht die Gefahr, dass sie gutwillige Lehrerinnen und Lehrer „auffressen".

6.2 Kooperation innerhalb der Schule

Ein weiterer wichtiger Aspekt für die Förderung von Kindern und Jugendlichen mit Aufmerksamkeitsstörung ist die Kooperation aller Bezugspersonen des Kindes innerhalb der Schule. Dazu zählen beispielsweise der kollegiale Austausch von Informationen, gemeinsam getragene Maßnahmen und vor allem einheitliche Verhaltensregeln und deren Durchsetzung. Je mehr Lehrkräfte an einem Strang ziehen, desto leichter ist es für die Schüler, sich zu orientieren und ihr Verhalten zu stabilisieren. Im Folgenden sollen nur einige Möglichkeiten aufgezeigt werden, die bereits in der Praxis erfolgreich erprobt wurden. Das soll aber nicht heißen, dass sie bei jedem aufmerksamkeitsgestörten, hyperaktiven Kind den gewünschten Erfolg zeigen oder dass sie in jeder schulischen Situation möglich sind. Jede Lehrkraft muss bei jedem Kind ausloten, worauf es anspricht, und in der eigenen Schulwirklichkeit aushandeln und ausprobieren, was geht (selbstverständlich unter Berücksichtigung geltender Vorschriften). Somit sollen diese Beispiele nur Denkanstöße sein.

Beispiele:

- Es ist hilfreich und entlastend, sich mit Personen, die früher schon mit dem Kind zu tun hatten (Lehrkräfte vorangegangener Klassen, bei Schulanfängern Erzieherinnen aus dem Kindergarten), auszutauschen: Hat sich das Verhalten des Kindes im Laufe der Zeit verändert, wo sind Verbesserungen eingetreten, welche Maßnahmen waren erfolgreich, wann war es am schlimmsten, welche Personen konnten am besten mit dem Kind umgehen, was wurde mit den Eltern schon abgesprochen? Diese Fragen verschaffen ein klareres Bild vom Kind und verhindern, dass jede neue Lehrkraft wieder ganz von vorne anfangen muss.
- Immer wieder kommt es vor, dass sich besonders ungünstige Konstellationen innerhalb einer Klasse ergeben. Hier ist es eine sinnvolle pädagogische Maßnahme, in Absprache mit dem Schulleiter zu prüfen, ob eine Parallelklasse das hyperaktive Kind besser auffangen kann. Es sollten nicht nur Sachzwänge wie Religionszugehörigkeit oder Busfahrpläne über die Klassenzusammensetzung entscheiden. In Extremfällen kann auch ein Schulwechsel hilfreich sein.
- An Schulen, an denen ein pädagogischer Konsens ausgehandelt wurde, wird es möglich sein, dass eine Kollegin oder ein Kollege das Kind stundenweise in seine Klasse aufnimmt, wenn die Situation in der eigenen Klasse mal wieder eskaliert.
- Alle Personen, die an einer Schule arbeiten, können und müssen in das Erziehungsprogramm mit eingebunden werden. Jeder muss wissen, dass das hyperaktive Kind Lob verdient, wenn es ruhig und ordentlich in der Schlange am Pausenstand ansteht, dass es aber eine bestimmte Sanktion zu erwarten hat, wenn es in der Garderobe wieder einmal alle Schuhe durcheinander-

wirft. Und jeder im Schulhaus, der es sieht, ist aufgefordert zu loben bzw. zu ermahnen oder die Klassenlehrerin zu informieren.
- In jedem Schulhaus findet sich eine reizarme Ecke, ein Ausweichplatz bzw. kann er mit wenigen Handgriffen geschaffen werden, an dem das Kind eine „Auszeit"[13] verbringt oder ungestört arbeiten kann.
- Ein unruhiges Kind, das seine Pausen nur tobend und rempelnd verbringt, kann vielleicht dem Hausmeister verantwortungsbewusst (weil wichtig) beim Pausenverkauf helfen.
- Ein Kind, das ständig als Sündenbock gilt, ohne immer Urheber von Aggressionen und Gewalt zu sein, darf auf eigenen Wunsch die Pause im Klassenzimmer verbringen.
- Die unstrukturierte Situation vor Betreten des Schulhauses bzw. des Klassenzimmers, die stets eine Quelle von Rangeleien und Schlimmerem ist, wird entschärft, wenn das Kind einen sicheren Ort zugewiesen bekommt, an dem es die Wartezeit verbringt.
- Jede Pausenaufsicht nimmt das Kind von einem vereinbarten Platz im Schulhaus mit. Das Kind bleibt während der gesamten Pause in Reichweite der Pausenaufsicht.
- Einem Jugendlichen der Oberstufe, der den Unterricht permanent stört, kann u. U. der Dienst für benötigte AV-Medien aufgetragen werden.
- Das raufende und tobende Kind meldet sich jeweils vor Betreten des Pausenhofes beim Schulleiter und erklärt seine Bereitschaft, sich in der Pause wie vereinbart zu verhalten.
- Wenn ein Kind eine versäumte Arbeit in der Schule nachholen soll, muss die Klassenlehrerin oder der Klassenlehrer nicht jedes Mal selbst anwesend sein. Es gibt Schulen, die eine Regelung gefunden haben, bei der sich mehrere Lehrkräfte zusammentun und wöchentlich abwechselnd die Nacharbeit beaufsichtigen. Damit ist die Belastung des Einzelnen nicht zu groß.
- Ein lohnendes Projekt ist ein kontinuierliches Elterntraining mit einem festen Teilnehmerkreis zum Thema „Unruhige Kinder". Ein solches Training kann z. B. gemeinsam mit dem schulpsychologischen Dienst angeboten werden.

Eine wichtige Rolle nimmt der schulpsychologische Dienst ein, der zwar nicht immer innerhalb des eigenen Schulhauses zu erreichen ist, aber zum System gehört. Er steht allen Lehrkräften in Problemfällen zur Verfügung. Zum Aufgabenbereich dieses Personenkreises gehört:
- Informationen über die anstehende Problematik,
- Diagnostik,

---

13 „Auszeit" (Time-Out) bedeutet, das Kind für eine begrenzte Zeit aus einer Situation herauszunehmen (vgl. S. 92).

- Beobachtungen im Unterricht,
- Beratung der Lehrkraft,
- Hilfe bei der Erarbeitung eines speziellen Förderplanes,
- Hilfestellung bei Elterngesprächen,
- nennen von weiteren – außerschulischen – Hilfsinstitutionen.

Ebenfalls außerhalb des Schulhauses angesiedelt, aber zum System gehörend ist der Mobile Sonderpädagogische Dienst. Dieser kann angefordert werden, wenn Klassenlehrer, Schulleitung, Beratungslehrer, Schulpsychologe und Eltern dies für wünschenswert und nötig halten. Neben den Aufgaben, die der schulpsychologische Dienst abdeckt, haben die Sonderpädagogen des Mobilen Sonderpädagogischen Dienstes noch die Möglichkeit, die aufmerksamkeitsgestörten Kinder über einen gewissen Zeitraum hinweg wöchentlich zu betreuen, indem sie das Kind für eine Stunde aus der Klasse nehmen und mit ihm einzeln arbeiten.

6.3 Kooperation mit außerschulischen Stellen

Auch außerhalb des Schulsystems gibt es eine Reihe von Stellen und Institutionen, mit denen Kooperation nötig, sinnvoll und vor allem aber für Lehrkräfte hilfreich ist. Zu diesen Institutionen gehören u. a.:
- **Erziehungsberatungsstellen:** Hier kann sich die Lehrkraft selbst anonym beraten lassen. Wenn es gelingt, die Eltern dazu zu motivieren, sich ihrerseits in der Erziehungsberatungsstelle beraten zu lassen, ist die Abstimmung von Erziehungsmaßnahmen wichtig. Die Lehrkraft kann außerdem Unterstützung bekommen, insbesondere in der Beratung der Eltern hinsichtlich einer Therapie, die sie aus eigener Kompetenz vielleicht nicht so umfangreich geben kann. An einigen Erziehungsberatungsstellen sind sogenannte Laienhelferprogramme installiert, in deren Rahmen Kinder bis zu viermal wöchentlich in eine Familie gehen, die meist auch Kinder gleichen Alters hat, und dort ihre Hausaufgaben machen. Das bedeutet für Kinder mit Aufmerksamkeitsstörungen eine deutliche Entspannung des Eltern- bzw. Mutter-Kind-Verhältnisses.
- **Jugendamt:** Auch hier können sich Lehrkräfte anonym beraten lassen. Außerdem benötigt man immer die Hilfe des Jugendamtes, wenn Maßnahmen wie Nachhilfe, heilpädagogische Stunden, Hort, Heilpädagogische Tagesstätte oder Fremdunterbringung im Sinne einer Wiedereingliederung des Kindes finanziert werden sollen. Hier gilt es die Eltern dahingehend zu motivieren, im Jugendamt um Erziehungshilfe zu bitten. Dort kann dann – in Kooperation mit der Lehrkraft – entschieden werden, in welcher Form Erziehungshilfe gewährt wird.
- **Kinder- und Jugendarzt:** Er betreut viele dieser Kinder seit Jahren, kennt ihren Entwicklungsgang, kennt die Eltern und die Familiensituation und evtl. weitere Erkrankungen. Er ist für die Eltern meistens der erste Ansprechpartner, stellt oft die Diagnose, berät die Eltern und ist auch derjenige, der eine medikamentöse Therapie begleitet. Immer mehr Kinder- und Jugendärzte sind bereit, Lehrkräfte

zu informieren, sei es bei Lehrerfortbildungsveranstaltungen oder hinsichtlich eines bestimmten Falles, wenn die Eltern einverstanden sind.
- Kinder- und Jugendpsychiater, psychiatrische Klinik, sozialpädiatrisches Zentrum: Je nach Wohnort wird man sich an eine dieser Stellen wenden, wenn die Diagnose noch unsicher ist. Immer häufiger binden diese Stellen die Lehrkräfte in die Diagnostik (Fragebogen) mit ein. Auch hier können sich Lehrerinnen und Lehrer zusätzliche Informationen z. B. über Teilleistungsstörungen, Erziehungsmaßnahmen usw. holen.
- Caritas, Diakonie, Arbeiterwohlfahrt, aber auch Selbsthilfegruppen und Elternverbände sind weitere Einrichtungen, die Informationen und Hilfe anbieten. Diese letztgenannten Gruppen haben z. T. ein fundiertes Fachwissen. Sie bieten mitunter Kurse für Lehrkräfte, Eltern und Kinder an. Das Wissen um diese Angebote ist zum einen für die Elternberatung notwendig, zum anderen können Lehrkräfte hier auch selbst wichtige Informationen für den Umgang mit aufmerksamkeitsgestörten, hyperaktiven Kindern erhalten.

Es ist nicht immer leicht, auf Anhieb die richtige, kompetente Stelle zu finden, die Auskünfte erteilen kann. Lehrerinnen und Lehrer werden nicht umhinkommen, bei verschiedenen Stellen anzufragen.

Literatur zu Teil 1 und Teil 2

Berg, D. (1987). Konzentrationsschwierigkeiten bei Schulkindern. In R. Horn, K. Ingenkamp & R. S. Jäger (Hrsg.), Tests und Trends 6 (S. 65–102). Weinheim: Beltz.
Berg, L. (1993). Gegen das Teufelchen im Kopf. In M. Passolt (Hrsg.), Hyperaktive Kinder: Psychomotorische Therapie (S. 62–63). München: Reinhardt.
Bolvansky, R. (1994a). Hyperkinetische Kinder mit Lese- und Rechtschreibschwierigkeiten. In K. Czerwenka (Hrsg.), Das hyperaktive Kind (S. 49–73). Weinheim: Beltz.
Bolvansky, R. (1994b). Offener Unterricht und Montessori-Pädagogik. In K. Czerwenka (Hrsg.), Das hyperaktive Kind (S. 35–48). Weinheim: Beltz.
Fraser, C., Belzner, R. & Conte, R. (1992). Attention deficit disorder and self-control. School Psychology International, 13, 339–345.
Friedman, M. (1996). Oh Boy ... Girls have ADD too!
 http://www.medicalreporter.health.org/tmr0796/add2.html.
Heiduk, V. & Trott, G.-E. (1998). Das hyperkinetische Syndrom des Kindes- und Jugendalters. Bayerische Schule, 5, 217–220.
Imhof, M. (1994). Ob der Phillip heute still bei der Arbeit sitzen will? Methodisch-didaktische Hinweise an LehrerInnen von hyperaktiven Kindern. Was nun? Bundesverband Elterninitiativen zur Förderung hyperaktiver Kinder, Heft 1, 18–31.
Imhof, M. (1995a). Beeinflussung des Arbeitsverhaltens hyperaktiver Kinder bei Rechtschreibübungen durch den Stimulationsgehalt des Arbeitsmaterials. Psychologie in Erziehung und Unterricht, 42, 234–239.
Imhof, M. (1995b). Mit Bewegung zu Konzentration? Münster: Waxmann.
Imhof, M. & Prehler, C. (2001). Qualitative Veränderungen der Schrift bei hyperaktiven Kindern durch unspezifische Farbstimulation. Psychologie in Erziehung und Unterricht, 48, 38–48.

Imhof, M. & Scherr, L. (2000). Farbiges Schreibpapier verringert die Fehler hyperaktiver Kinder bei Schreibübungen in Grundschulen und Förderschulen. Zeitschrift für Pädagogische Psychologie, 14, 63–71.

Keller, R. & Fritz, A. (1995). Auf leisen Sohlen durch den Unterricht. Schorndorf: Verlag Karl Hofmann.

Kretschmann, R., Dobrindt, Y. & Behring, K. (1997). Das Lernen lehren. Zeitschrift für Heilpädagogik, 48, 134–151.

Krowatschek, D. (1999). Entspannung in der Schule. Dortmund: borgmann.

Krowatschek, D. (2000a). Das Marburger Konzentrationstraining. Dortmund: borgmann.

Krowatschek, D. (2000b). Überaktive Kinder im Unterricht. Dortmund: borgmann.

Lauth, G. W. & Schlottke, P. F. (1997). Training mit aufmerksamkeitsgestörten Kindern. Weinheim: Psychologie Verlagsunion.

Maschwitz, G. & Maschwitz, R. (1998). Stille-Übungen mit Kindern. München: Kösel.

Müller, E. (1995). Auf der Silberlichtstraße des Mondes: Autogenes Training mit Märchen und Musik. München: Kösel.

Müller, E. (1997). Inseln der Ruhe: Ein neuer Weg zum Autogenen Training für Kinder und Erwachsene. München: Kösel.

Müßgens, B. (1996). Förderung hyperaktiver Kinder als Aufgabe des Musikunterrichts in der Grundschule. Unveröffentlichtes Manuskript.

Nadeau, K. (1996). ADD in Females: From Childhood to Adulthood. http://www.chadd.org/nadeau.htm.

Riccio, C. A. & Hynd, G. W. (1996). Relationship between ADHD and Central Auditory Processing Disorder. School Psychology International, 17, 235–252.

Rief, S. F. (1993). How to reach and teach ADD/ADHD children. West Nyack: The Center for Applied Research in Education.

Schachar, R., Rutter, M. & Smith, A. (1981). The characteristics of situationally and pervasively hyperactive children: Implications for syndrome definition. Journal of Child Psychology and Child Psychiatry, 22, 375–392.

Skrodzki, K. (1993). Langzeitbeobachtung bei Kindern mit Hyperkinetischem Syndrom und Alltagsmanagement ihrer Probleme. In M. Passolt (Hrsg.), Hyperaktive Kinder: Psychomotorische Therapie (S. 144–167). München: Reinhardt.

Wagner, I. (1990). Aufmerksamkeitstraining mit impulsiven Kindern (4. Auflage). Eschborn: Dietmar Klotz.

Wagner, I. (1991). Möglichkeiten der Förderung. In H. Barchmann, W. Kinze & N. Roth (Hrsg.), Aufmerksamkeit und Konzentration im Kindesalter (S. 184–197). Berlin: Verlag Gesundheit.

Wagner, I. (1994). Aufmerksamkeitsstörungen und deren Bewältigung und Therapie. In K. Czerwenka (Hrsg.), Das hyperaktive Kind (S. 19–34). Weinheim: Beltz.

Teil 3
Krankheitsbild, Diagnostik, Therapie

1 Krankheitsbild: Ursachen und altersspezifische Erscheinungsformen

Unser Gehirn ist in seiner Vielfalt, seinem umfassenden Netzwerk und in seiner Komplexität in vielen Bereichen noch unerforscht. Trotzdem gibt es schon ein umfangreiches Detailwissen, wir kennen viele Einzelfakten und Zusammenhänge in kleineren Bereichen. Gerade im Bereich der psychischen Krankheiten und der Verhaltensauffälligkeiten wurde in den letzten 30 Jahren intensiv danach geforscht, ob bestimmte Hirnstrukturen und Funktionen diese Krankheiten verursachen oder zumindest an den Ursachen beteiligt sind.

1.1 Ursachen des Syndroms

Auch bei der Aufmerksamkeitsstörung oder dem Hyperkinetischen Syndrom ist die grundlegende Ursache noch nicht bekannt. Dennoch kennen wir eine Vielzahl von Faktoren, die zeigen, dass es organische Unterschiede im Vergleich zu „normalen" Kindern gibt.
Früher wurden am häufigsten Erziehungsfehler, unzureichende elterliche Kompetenz, zerstrittene Ehepartner, Vernachlässigung, Deprivation und frühkindliche Traumata für die Ursache gehalten und die Störungen als soziales und pädagogisches Problem angesehen. Die meisten neuen Untersuchungen stimmen darin überein, dass diese Faktoren nicht die Ursache sind, wohl aber die Ausprägung und das Erscheinungsbild erheblich beeinflussen können. Es wurde festgestellt, dass aufmerksamkeitsgestörte, hyperaktive Kinder in sogenannten „heilen" Familien genauso häufig vorkommen wie in gestörten Familien. Meist finden sich in einer Familie mehrere unauffällige Kinder und nur ein Problemkind. Häufig sind die innerfamiliären Probleme sekundär, z. B. die unterschiedliche Auffassung über die Erziehung des problematischen Kindes. Lehrkräfte, Psychologen oder Familienberater, die das Kind mit sieben oder acht Jahren zum ersten Mal sehen und Zerwürfnisse in der Familie feststellen, ziehen manchmal den Schluss, dass das Verhalten der Eltern oder das Milieu, das Kind so gemacht haben. Die Vorstellung, dass das schwierige Verhalten eines Kindes seit der Geburt auch das Verhalten der Eltern – und der Eltern untereinander – bestimmt und zu der jetzt sichtbaren Familiensituation geführt haben kann, setzt sich erst allmählich und unter Widerständen durch. Viele Eltern leiden unter der Vorstellung, am problemreichen Verhalten der Kinder schuld zu sein. Die Forschungsergebnisse der letzten 50 Jahre zeigen, dass es sich

bei der Aufmerksamkeitsstörung/Hyperaktivität um eine Entwicklungsstörung der Selbstkontrolle handelt (*Barkley* 1998).

Erst durch die Entwicklung neuer Techniken konnte der Nachweis erbracht werden, dass sowohl anatomisch als auch funktionell Unterschiede im Gehirn dieser Kinder zu finden sind. Zu diesen Techniken gehören Computer-Tomographie (CT), Magnet-Resonanz-Tomographie (MRT), Single-Photon-Emissions-Computer-Tomographie (SPECT), Positronen-Emissions-Tomographie (PET) und schließlich die Funktionelle-Magnet-Resonanz-Tomographie (fMRT). Alle sind technisch sehr aufwendig und nicht für die Routinediagnostik geeignet, können aber ganz neue Aufschlüsse über anatomische Strukturen und deren Funktionsweise geben.

Ein genetischer Defekt und/oder eine Störung zur Zeit der Gehirnentwicklung führen zu einer Andersartigkeit, zu einer Funktionsstörung im Informations-Netzwerk unseres Gehirns. Kommt ein Reiz über den Nerv an, muss er durch chemische Substanzen, die Neurotransmitter, vom Nervenende über einen Spalt hinweg zum nächsten Nerv transportiert werden, um diesen zu erregen. Neurotransmitter sind Übertragersubstanzen, die bekanntesten sind das Serotonin, das Dopamin und das Noradrenalin. Ein Mangel oder eine Störung in der Zusammensetzung und im Abbau dieser Übertragersubstanzen führt zur gestörten Reizweiterleitung und Reizverarbeitung. Damit kommt es zur mangelhaften Selektion und Integration von Information und endlich zur Hirnfunktionsstörung.

Im Folgenden werden die bisher bekannten Ursachen aufgezählt:
- Vererbung: Es gibt keinen Anhaltspunkt dafür, dass es sich bei ADD um eine Chromosomenstörung handelt wie beim Down Syndrom. Wäre das der Fall, wären die allgemeinen Veränderungen viel gravierender als **nur** eine Störung in Aufmerksamkeit und Verhalten. Dennoch zeigt die Forschung eindeutig, dass eine erhebliche Heredität besteht. Die Geschlechtsverteilung und das gehäufte Auftreten in Familien über mehrere Generationen hinweg sprechen deutlich für genetische Faktoren. Zwillings- und Geschwisterstudien und Untersuchungen von Adoptiv- und Pflegekindern stützen diese Annahme (*Cantwell* 1972, *Rapoport* 1977, *Stevenson* 1993). Bei molekularbiologischen Untersuchungen zeigt sich immer mehr die Bedeutung von Genen, die in den Dopaminstoffwechsel eingreifen. In der Erforschung stehen das Dopamin-D4 Rezeptor Gen, das Dopamin-D2 Gen und jetzt auch ein Dopamin-Transporter Gen (vgl. *Swanson et al.* 1997, *Tannock* 1998, *Barkley* 2000).
- Neuroanatomisch (fMRT) konnten Unterschiede in der Größe bestimmter basaler Strukturen, unübliche Asymmetrien und insbesondere eine Verkleinerung der rechten Frontalwindung festgestellt werden (*Castellanos* 1997).
- Neurofunktionelle Befunde (PET) (*Zametkin* 1990): Der Glucoseumsatz ist ein Maß für die Arbeit eines Gehirnabschnittes. Ein verminderter Glucoseumsatz bedeutet, dass in einem Bereich weniger Arbeit geleistet wird.
- Bei Aufmerksamkeitsstörungen (ADD) fanden sich deutliche Veränderungen in

der Hirnrinde, sowohl cortical in der prämotorischen und präfrontalen Windung als auch subcortical (Thalamus, Caudatus und Hippocampus, jeweils die rechte Seite). Diese Regionen sind insbesondere zuständig für die motorische Aktivität, das Verhalten und die Daueraufmerksamkeit (vgl. Abbildung unten).

Auch die Durchblutung ist ein Maß für die Aktivität einer Hirnregion. Hier fanden sich Störungen im Nucleus ambiquus, in den periventrikulären Strukturen und dem Striatum – beidseitig (*Lou* 1989).

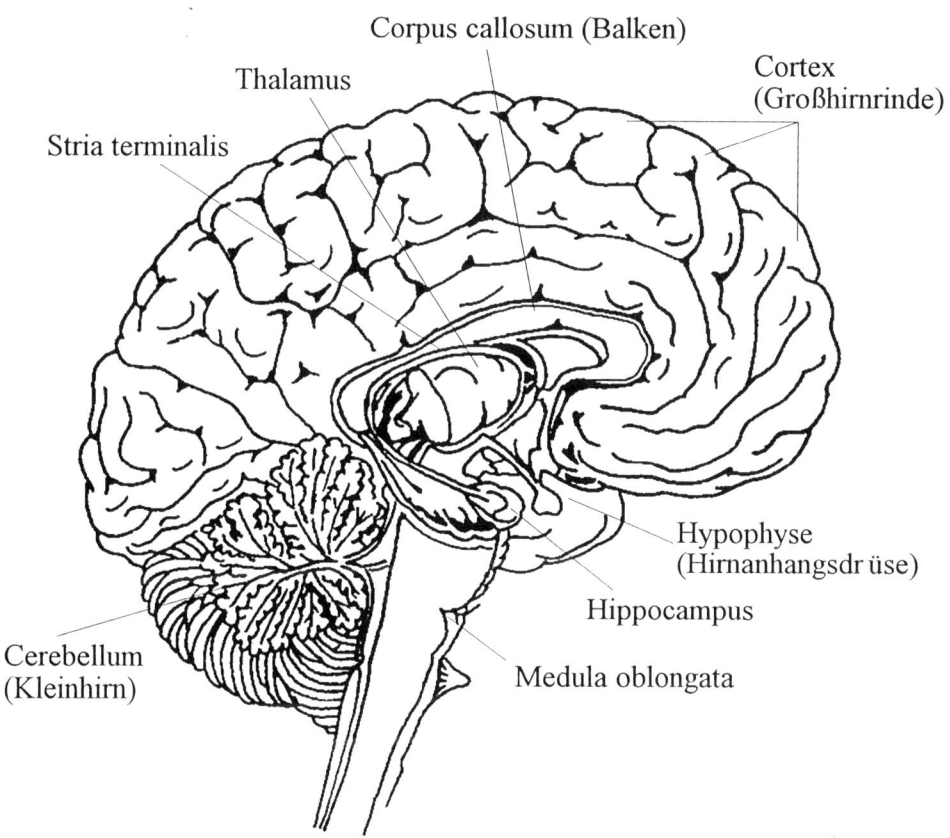

Grafik: hds, ISB 1999

- Neurochemie: Alle bisherigen Untersuchungen konnten keine Störungen **eines** einzigen Neurotransmitters nachweisen. Drei Hauptgruppen sind für das Verhalten zuständig: Dopamin, Serotonin und Norepinephrin. Imbalanzen zwischen diesen Systemen führen zu Störungen. Besonders eine Verminderung des freien Dopamins im synaptischen Spalt scheint zu ADHD-Symptomen zu führen. Eine schützende Rolle wird dem Östrogen zugeschrieben, möglicherweise sind deshalb Mädchen seltener betroffen (*Zametkin* 1998).

- Äußere Einflüsse in der Schwangerschaft und in der frühkindlichen Entwicklung: Stress, Alkohol, Nikotin, Medikamente (*Schulze & Trott* 1996), extreme Frühgeburt (*Beke* 2000).
- Allergien: Als äußere zusätzliche Ursache für ADD werden auch zahlreiche Nahrungsmittelbestandteile beargwöhnt. In Amerika machten *Feingold* (1975) die Salicylate und *Smith* (1975) den industriell hergestellten Zucker verantwortlich, in Deutschland *Hafer* (1986) insbesondere die Phosphate und andere Nahrungszusatzmittel (vgl. Teil 3 Kapitel 3). *Egger* (1991) konnte mit einer oligo-antigenen Diät in Einzelfällen Verbesserungen erreichen. Alle großen Studien konnten einen Zusammenhang **nicht** nachweisen.

1.2 Altersspezifische Erscheinungsformen

Es gilt heute als gesichert, dass Aufmerksamkeitsstörungen/Hyperaktivität in allen Altersgruppen anzutreffen ist, allerdings in verschiedenen Erscheinungsformen.

Säuglingsalter

Das Kind schreit oft ungewöhnlich viel, ausdauernd und besonders schrill und ist in ununterbrochener Bewegung, quengelig, reizbar, wird schnell wütend und schätzt körperlichen Kontakt wenig. Es wirkt nie entspannt, ist meist missmutig und unzufrieden und sorgt für erhebliche Schlafstörungen der Eltern. Wenn die Eltern mit ihm schmusen wollen, schmiegt es sich nicht an. Die Mutter wird durch diese Verhaltensweise verunsichert und fragt sich: „Mache ich etwas falsch? Ich muss mich wohl mehr um das Kind kümmern!" Aber auch vermehrte mütterliche Zärtlichkeit wird nicht erwidert. Für manche Mutter ergeben sich daraus Probleme, das Kind wird als „schwierig" bezeichnet. In der Familie herrscht Gespanntheit und nervöse Gereiztheit.
Eine Diagnose kann in diesem Alter nicht gestellt werden!

Kleinkindalter

In der körperlichen Entwicklung sind manche Kinder sehr schnell, sie können bereits mit neun oder zehn Monaten laufen und schon mit $1^{1}/_{4}$ Jahren gut sprechen. Es gibt aber auch langsame Kinder, die mit 14 bis 16 Monaten zu laufen beginnen und erst mit zwei bis drei Jahren sprechen. Meist besteht eine ausgeprägte Trotzphase.
Typisch ist eine Erprobungsphase, die für die Umwelt besonders strapaziös ist: Die Eltern berichten, dass das Kind die Fähigkeit habe, aus jeder Situation ein „Happening" zu machen, d. h. alles, was es in die Hände bekommt, wird zerlegt und im Vorbeigehen um- oder ausgeschüttet oder in einer Weise damit verfahren, dass es besonders sinnwidrig ist und für die Eltern in Arbeit ausartet. Sinnvolles, konstruktives Spielen entwickelt sich kaum, die Spiele sind vor allem destruktiv und chaotisch. Das Kind läuft häufig weg, klettert über den Zaun und läuft auf die Straße, es gefährdet sich selbst. Wenn Besuch kommt oder anderswo ein Besuch abgestattet

wird, muss das Kind ständig beobachtet und alles verschlossen werden. All diese Dinge treten bei anderen Kindern auch auf, aber nicht in diesem Übermaß. Oft vermeiden die Eltern Besuche und erhalten auch immer weniger Besuch, weil der Umgang und das ständige Entschuldigen für das Verhalten des Kindes peinlich sind. Auch die gut gemeinten Ratschläge der Freunde und Verwandten verunsichern mehr, als sie helfen. Als Folge wird die Familie zunehmend isoliert.

Wenn das Kind in den Kindergarten kommt, baut es keine Bauklotztürmchen, setzt kein Puzzle konstruktiv zusammen, sondern es zerstört nur: Bauwerke der anderen werden umgeworfen, es ärgert die anderen Kinder, kann nicht alleine spielen, es spielt nicht ausdauernd. Kein Spielzeug wird mehr als einige Minuten benutzt und oft sagt es: „Mir ist langweilig." Die Kindergärtnerin berichtet, dass es Gruppenspiele nicht mitmacht, oft in der Einzelspielecke sitzt oder dass es ständig zappelt, herumrutscht und nie entspannt ist. Als Folge werden Eltern des Öfteren in den Kindergarten bestellt und ermahnt, konsequenter in der Erziehung und aufmerksamer zu sein, da das Kind erhebliche Störungen aufweise. Es wird gesagt: „Das Kind ist ungezogen, sie müssen strenger sein." Zum Kinderarzt kommen die Eltern häufig wegen des auffallenden Essverhaltens: „Es schlingt bedenkenlos alles in sich hinein." Aber auch wegen Schlafstörungen wird der Kinderarzt konsultiert: „Es kann keinen Abend einschlafen, jede Nacht kommt es zu uns, und wenn es dann bei uns ist, ist es so unruhig, dass wir selbst nicht schlafen können." „Wenn es in den Raum kommt, verbreitet es Unruhe, wir werden alle nervös." „Es kann sich nicht selbst anziehen, zieht alles verkehrt herum an, macht nie einen Knopf zu." Neben

---

Bericht der Eltern über den 3½-jährigen Dominik:

„Wenn er um 7.00 Uhr die Augen aufmacht, ist er auch sofort ganz da. Waschen, Zähneputzen und Anziehen sind ein Kampf, weil ihm ständig etwas anderes einfällt. Eigentlich müsste man immer zu zweit sein. Bis zum Frühstück bin ich (Mutter) schon schweißgebadet. Beim Frühstück wird schnell etwas ausgeschüttet, das Brot mit der Marmeladenseite auf die Hose geklebt. Wenn wir nachher spazieren gehen, lässt er sich kaum an der Hand führen. Egal was man sagt, er bleibt nicht stehen. Und wenn er Wasser sieht, hält ihn nichts mehr: Bei der ersten Gelegenheit liegt er drin."

„Er linkt einen richtig (Vater), wartet nur die Gelegenheit ab, um etwas anzustellen. Auf dem Spielplatz schlägt er andere Kinder – geht direkt auf sie zu, haut, schlägt, tritt sie. Auch in der Stadt schlägt er aus dem Buggy nach jedem – und lacht dabei. Beim Essen schlingt er alles runter. Früher ist er oft weggelaufen, wir mussten ihn immer wieder suchen. Und er wird nie müde: Wenn er dann um 21.00 Uhr endlich im Bett liegt, zappelt und wackelt er so im Bett – sogar im Schlaf! –, dass das ganze Bettgestell verrutscht. Jede Nacht kommt er zu uns ins Bett und seine Anwesenheit macht einen so nervös, dass man kaum schlafen kann. Und er will auch nicht schmusen, sondern drückt sich gleich von einem weg. Lange halten wir das nicht mehr aus!!"

diesen Beschwerden gibt es häufig Probleme mit der Sauberkeitserziehung. Wer die Kinder allerdings nur gelegentlich oder kurzzeitig erlebt, sieht oft keine Probleme: Benjamin, Thomas oder Florian geht mit der Oma oder der Tante weg und ist für einen halben Tag das liebste Kind und die Eltern bekommen zu hören: „Seht ihr, wenn er nur will, dann kann er. Man muss nur konsequent und streng sein."

Bis jetzt sind alle Probleme im Allgemeinen noch zu bewältigen: einem Kleinkind wird eben zugestanden, dass es noch ein Kind ist, und der Kindergarten fordert noch keine allzu strenge Reglementierung. Auch die Umwelt ist noch relativ nachsichtig.

Eine Diagnose ist vor dem vierten Lebensjahr schwierig und unsicher!

Das Schulkind

Wenn das Kind in die Schule kommt, werden die Anforderungen erheblich größer. Es soll sich in eine Klassengemeinschaft sozial integrieren und bestimmte Spielregeln akzeptieren lernen, aber genau da liegt das Problem: In der Zweierbeziehung können einfache Regeln noch verstanden und eingehalten werden, doch sobald mehrere Kinder beteiligt sind und strengere Regeln – wie sie für die meisten Spiele ja gelten – eingehalten werden sollen, ist das nicht mehr möglich. Das Kind versucht, die Regeln nach seinem Geschmack zu ändern, und wenn die anderen nicht mitmachen, gibt es Spannung und Streit. Bereits nach kurzer Zeit kommt es zur Ablehnung durch die Kameraden, weil sie nicht bereit sind, den Herrschaftsansprüchen dieses Kindes zu folgen. Will das Kind etwas besonders gut machen und versucht, die Regeln einzuhalten, missglückt ihm dies. Enttäuscht fängt es an zu weinen und wird dafür von den Kameraden ausgelacht, weil es nicht gelernt hat, sich zu beherrschen. Diese Affektlabilität und Frustrationsintoleranz ist etwas Typisches für das Kleinkindalter. Es weint wegen Kleinigkeiten, gerät schnell in Zorn und seine Stimmung schlägt plötzlich um in Jähzorn; es kommt zu unverschämten, provokanten und aggressiven Redeweisen. Im Schulalter ist diese Phase normalerweise schon überwunden, nicht jedoch bei unserer Gruppe von Kindern mit Hirnreifungsstörung – sie sind im kleinkindhaften Verhalten stehen geblieben. Wenn sie etwas wollen, muss der Wunsch sofort erfüllt werden. Sie können nicht warten, sondern kriegen einen Wutanfall. Genauso schnell sind die Wünsche bei einer neuerlichen Ablenkung auch wieder vergessen. Andererseits freut sich das Kind selten und wirkt nach außen hin traurig, missmutig, und wenn man sich mit ihm unterhält, zeigt es häufig depressive Verstimmung. Es ist sogar ein Kennzeichen des Syndroms, dass eine unglückliche Grundstimmung besteht, oft überspielt durch äußerliche Unbekümmertheit. Eltern berichten, dass sich ihr Kind **maßlos** freut („überfreut") oder **maßlos** ärgert („überärgert") und dann meistens völlig unerträglich ist. Viele Mütter berichten, dass sie jeden Abend am Ende ihrer Kräfte sind, dass sie sich schämen, weil sie dem Kind gegenüber wütend werden, häufig schimpfen, schreien und gelegentlich auch schlagen – obwohl sie das nicht wollen.

Die Impulsivität gehört zum Grunderscheinungsbild dieser Kinder und manchmal scheinen sie keinerlei Angstgefühl zu haben.

> Ohne schwimmen zu können, sprang Ludwig mit drei Jahren ins tiefe Wasser; als Vierjähriger vom 3-m-Brett. Fahrradunfälle waren häufig, weil er Rennfahrer werden wollte. Mit sieben lag er sechs Wochen mit einem Schädelbruch im Krankenhaus. Er hatte im Fernsehen einen Stuntman beobachtet, wie er durch eine Wand raste, und hatte versucht, es nachzumachen: auf dem Fahrrad mit dem Kopf voraus durch eine Wand. Zweimaliger Sturz vom Baum. Beim Luftanhalten schaffte er es, ohnmächtig zu werden. Zum Skifahren konnte die Mutter nicht mehr mit ihm gehen, weil er so wild und gefährlich den Hang hinunterraste.

(Allerdings gibt es auch die Überängstlichen, die Träumer, die sich nicht von den Eltern trennen, weil sie die Situation nicht richtig beurteilen können. Sie trauen sich selbst nichts zu und verfügen häufig über eine schlechte Körperkoordination.)
Die Impulsivität der Hyperaktiven geht so weit, dass diese Kinder in der Schule den Finger heben, ehe die Frage fertig gestellt ist, und oft irgendeine Antwort geben. Wenn sie nicht drankommen, platzen sie mit ihrer Antwort einfach so heraus. Ihre Aufmerksamkeitsspanne ist außerordentlich kurz. So wie sie früher kein Puzzle fertig machen konnten und keinen Turm mit mehr als vier oder fünf Klötzen bauten, so wird später keine Zeichnung fertig. Im Basteln und beim Spielen wird alles angefangen – „sie sind sehr unternehmungslustig" –, aber nichts zu Ende geführt. Es liegen Dutzende von angefangenen Schiffs-, Flug- und sonstigen Modellen herum und keine Handarbeit wird soweit fertig, dass sie ihren vorgesehenen Zweck erfüllen könnte. Das Gleiche gilt für die Hausaufgaben (vgl. Teil 2 Kapitel 4).
Man darf nun nicht glauben, dass alle Kinder dieser Krankheitsgruppe wirklich ein hyperaktives Verhalten zeigen. Es gibt durchaus auch das Gegenteil: die Hypoaktiven, das sind Kinder, die überhaupt nicht herumzappeln und nicht unruhig wirken, sondern eher verträumt und manchmal fast apathisch. Sie fallen zwar weniger auf, aber sie haben – abgesehen von der Unruhe – die gleichen Störungen: Störungen der Konzentrationsfähigkeit, abnormes Sozialverhalten, sind ruppig bis explosiv und wirken nach außen hin unbegabt, leistungsschwach und sozial isoliert (nach DSM IV die Subgruppe: vorwiegend aufmerksamkeitsgestört).

Zusammenfassung in Stichwörtern:
- kein Verständnis von Gruppenspielregeln
- Unruhe, kein Stillsitzen möglich, Rastlosigkeit
- alles wird angefasst, ohne damit etwas Sinnvolles zu tun
- Aktivität zur Unzeit und besonderer Stil der Aktivität
- kurze Aufmerksamkeitsspanne, Unaufmerksamkeit, Ablenkbarkeit
- starke Impulsivität
- Affektlabilität
- Frustrationsintoleranz
- Klassenkasper

- notorische Unzufriedenheit
- ausgeprägter Egoismus, Selbstbezogenheit
- Unersättlichkeit des Anspruchs
- dauerndes Reden und Geräuscheproduzieren
- keine Geduld, kein Abwartenkönnen
- Wünsche ertragen keinerlei Aufschub, sie müssen sofort erfüllt werden
- Sprunghaftigkeit im Denken und Handeln
- Aggressivität
- Wechsel zwischen fehlendem Angstgefühl und unverständlicher, unberechtigter Ängstlichkeit
- keine Einsicht in Gefahren
- Mädchen zeigen ausgeprägte depressive Verstimmung, Phlegma bei Nervosität
- fehlendes Schmerzgefühl und Zimperlichkeit nebeneinander
- Unreife im psychosozialen Verhalten
- schlechtes, nicht altersgemäßes Sozialverhalten als durchschlagendes Problem
- Koordinationsstörungen in der Motorik und Ungeschicklichkeit
- Hyperaktivität nicht konstant, sondern in Einzelsituationen durchbrochen von Phasen angenehmen, unauffälligen Verhaltens mit unerwartet guten Leistungen
- Leistungsprofil extrem unregelmäßig („Sägezahn-Profil")

Adoleszentenalter

Bei vielen aufmerksamkeitsgestörten, hyperaktiven Kindern tritt die Pubertät später auf als bei Gleichaltrigen. Das passt zu ihrer psychischen Reifungsverzögerung. Dann aber erscheinen alle Probleme der Vorpubertät und Pubertät in verstärktem Maße. Die Ablehnung der Umwelt ist durch das erheblich gestörte Selbstwertgefühl stärker als üblich. Die Schwierigkeiten und Streitigkeiten mit den Eltern, der Widerspruchsgeist im Ablösungsversuch von der Familie nehmen Formen an, die unerträglich werden. Oft besteht Selbstgefährdung, tiefe Depression bis hin zu Selbstmordgedanken, Neigung zu Asozialität, Kriminalität und Drogensucht und immer wieder finden sich kleinkindhafte Verhaltensweisen, wenn z. B. der 14-Jährige aus dem Badezimmervorhang die dunklen Karos des Musters ausschneidet.

Aus der Hyperaktivität wird jetzt häufig eine „Nullbock"-Mentalität, d.h. die Jugendlichen haben keinerlei Interesse, keinen Antrieb etwas anzufangen, geschweige denn eine Arbeit oder Aufgabe zu Ende zu bringen. Die Berufswahl wird zur Katastrophe, da sie eigentlich gar nichts interessiert oder höchstens etwas, das sie mit ihren bisherigen schulischen Leistungen nicht erlernen können. In der Berufsausbildung haben sie es besonders schwer, weil sie oft muffig, schlecht gelaunt und faul wirken. Wenn sie dann auch noch frech und vorlaut sind, ist das Arbeitsverhältnis oft sehr schnell wieder gelöst (*Skrodzki* 2000).

Aus hyperaktiven Kindern werden – wie man heute weiß – hyperaktive Erwachsene. Ihre Probleme verschwinden nicht einfach mit Erreichen des 19. Lebensjahres. Bisher hat das Problem leider noch kaum Eingang in die Erwachsenenmedizin gefunden (*Krause, Krause & Trott* 1998; *Hallowell & Ratey* 2000).

> **Beispiel des 17-jährigen Tobias:**
> Tobias besucht die letzte Klasse des Gymnasiums: Die Noten des sehr intelligenten Schülers sind ausgesprochen schlecht, weil er nichts für die Schule tut. Wird von der Polizei heimgebracht, weil er beim Sprayen erwischt wurde. Die Bundesbahn stellt riesige Schadensersatzforderungen, weil er seine Komplizen nicht preisgeben will. Als der Vater einige Tage später bei der Zulassungsstelle die Genehmigung zur Führerscheinprüfung abholen will – Tobias steht kurz vor der Prüfung –, wird diese verweigert mit der Begründung, dass er vor einem halben Jahr mit Ecstasy erwischt wurde und für einen längeren Zeitraum keine Führerscheinzulassung erhalten wird. Als Tobias das hört, droht er, sich in die Luft zu sprengen, weil ihm sowieso alles misslingt.

Exkurs zur Berufsausbildung

Die Berufswahl beginnt für viele Jugendliche, die sich sonst kaum entscheiden und ihre eigenen Neigungen wenig beurteilen können, häufig mit einem **Berufspraktikum** noch während der Schulzeit. Hier können Neigungen und Fähigkeiten entdeckt werden. Entscheidend ist aber neben der Arbeit selbst und dem Berufsumfeld genauso sehr die Person des Ausbilders (Hyperaktive sind trotz ihrer sozialen Schwierigkeiten extrem personenbezogen).

Für Jugendliche mit derartigen Problemen ist ein **Berufsvorbereitungsjahr** oder ein Förderlehrgang nützlich, wo verschiedene Berufsfelder ausprobiert werden (z. B. Holz-, Metallverarbeitung, Gartenbau, Hauswirtschaft).

Eine weitere Möglichkeit für leistungsschwache Jugendliche ist der **Fachwerker.** Bei gleicher Arbeit im Betrieb, aber mit verminderten theoretischen Anforderungen in der Berufsschule können die Jugendlichen eine besondere (einfachere) Abschlussprüfung machen. Damit haben sie eine staatlich anerkannte Berufsausbildung (z. B. Fachwerker im Gartenbau). Bei Eignung und ausreichendem Willen können sie nach einem weiteren Lehrjahr zum Vollberuf (z. B. Gärtner) gelangen.

Während der Lehre kann eine **Ausbildungsbegleitende Hilfe (ABH)** in Anspruch genommen werden. In der Berufsschulzeit wird der Lernstoff nachmittags unter Anleitung geübt und werden die Berichtshefte geführt. Die Betreuer, häufig Fachleute aus entsprechenden Berufen mit zusätzlicher Ausbildung, helfen bei Schwierigkeiten in den unterschiedlichen Fächern.

Darüber hinaus gibt es **Berufsbildungswerke,** in denen die Jugendlichen im Internat untergebracht sind. Ausbildung, Schule und Freizeitangebot sind in einer Hand, damit ist eine weitere psychosoziale Betreuung möglich.

Über all diese Hilfen informieren die Arbeitsämter. Häufig gibt es dort einen Sonderberater, der über spezielle Fördermöglichkeiten Bescheid weiß. Allerdings müssen die Eltern auf diese Möglichkeiten hingewiesen werden, am besten schon in der Schule. Jugendliche und Eltern müssen oft hartnäckig sein, um die mögliche Unterstützung auch wirklich zu erhalten.

Für Berufsschullehrkräfte wie für alle anderen Lehrerinnen und Lehrer gilt, dass die betroffenen Jugendlichen ihnen noch mehr Ärger machen können als ihre übrigen Schüler. Nur wer weiß, wie viele Sorgen, Ängste und Schwächen die Auszubildenden haben, wird zur Unterstützung bereit sein. Es ist hilfreich, wenn die Lehrkräfte die durchgeführten Therapien – auch die medikamentöse Therapie – verstehen und unterstützen. Besonders in dieser Altersgruppe lehnen viele Jugendliche die Therapie ab („Das braucht keiner aus der Clique!") und ein einziges ablehnendes Wort zur Therapie durch den Lehrer oder Ausbilder kann die Überzeugungsarbeit der Therapeuten und den Kampf der Eltern für die Therapie zunichte machen.

Auch in diesem Alter sind die Jugendlichen noch extrem von Zu- und Abneigungen geleitet, d. h. sie benötigen jemanden, der sie führt, leitet und immer wieder motiviert. Schimpfen und Drohen bringen nichts, jedes kleine Lob, jede positive Verstärkung jedoch außerordentlich viel. Die meisten sind zwar arbeitswillig, brauchen aber sofort und schnell Erfolg und das gelingt ihnen meist nicht. Der Meister, der erfahrene Geselle oder Lehrer, der sie im übertragenen Sinne an die Hand nimmt, führt und sie Erfolg spüren lässt, wird ihnen helfen, die Schwierigkeiten zu überwinden und Freude an ihrem Beruf zu finden.

Viele Betroffene wirken nach anfänglicher Euphorie der ersten drei Monate gelangweilt, uninteressiert und faul. Sie scheinen nur noch Negatives an der Arbeit und den Kollegen zu sehen und wollen den Job hinwerfen. Hier ist Verständnis, aber ganz besonders Hilfe zum Durchhalten und zur neuen Motivation wichtig: Einem ersten Abbruch der Ausbildung folgt nur umso schneller der nächste (– es sei denn, die Berufs- oder Ausbildungsplatzwahl war wirklich ein Fehlgriff).

Wenn diese Jugendlichen **ihren** Beruf gefunden haben, sind sie meist mit größter Begeisterung, Ausdauer und Liebe dabei.

Beispiel Peter S. (30 Jahre):
Peter S., Ingenieur, ist im Außendienst einer großen Elektrofirma. Er ist über seine Abteilung hinaus dafür bekannt, dass er seine Maschinenanlagen hervorragend präsentiert, die Kunden überzeugt und weit überdurchschnittlich viele Verkaufsabschlüsse erzielt. Allerdings bringt er die Abschlüsse nicht zu Papier, erledigt den gesamten nachfolgenden Papierkram nicht oder ganz unzuverlässig, sodass viele der schon erreichten Geschäftsabschlüsse mangels korrekter Abwicklung nachträglich wieder verloren gehen. Viele Male drohte die Entlassung. Erst als ihn eine Sekretärin bei Geschäftsbesprechungen begleitet, seine Vereinbarungen sofort zu Papier bringt und hinterher für die Erledigung sorgt, gelingt es ihm, wieder Fuß zu fassen und weiter aufzusteigen.

Zusammenfassung der Probleme in Adoleszenz und Erwachsenenalter:
– Schwierigkeiten mit Aufmerksamkeit und Konzentration
– Inaktivität gepaart mit Nervosität (Ruhelosigkeit)

Teil 3: Krankheitsbild

- Stimmungsschwankungen, psychische Labilität
- Impulsivität (geschäftlich, finanziell, privat unüberlegte Entscheidungen)
- Unfähigkeit sich und das Leben zu organisieren
- Ungeduld und Jähzorn
- niedrige Stresstoleranz
- schnell wechselnde Freundschaften und Bindungen
- Unzuverlässigkeit
- Suchttendenz (Spiel-, Kauf-, Drogen-, Alkoholsucht)
- Selbstsucht, Egoismus, z. T. gepaart mit grenzenloser Großzügigkeit
- wenig Schlafbedarf, Schlafstörungen
- fehlende Ausdauer
- erhebliche Folgeerscheinungen, verursacht durch bisherige negative Erfahrungen und durch ein gemindertes und z. T. fehlendes Selbstwertgefühl

Wie das Ergebnis bei fehlender Früherkennung bzw. bei Nichtbeachtung dieser Krankheit im Erwachsenenalter in schlimmster Konsequenz aussehen kann, soll folgendes Beispiel zeigen:

> Die 24-jährige Margit wird in die Psychiatrie eingewiesen, nachdem ihr Kind unter unklaren Umständen ums Leben gekommen ist. Es besteht der Verdacht auf Kindesmisshandlung mit Todesfolge. Und so liest sich ihre Lebensgeschichte:
> Sie ist das erste Kind ihrer Eltern. Die Schwangerschaft der Mutter, Margits Geburt und die frühkindliche Entwicklung verlaufen unauffällig. Aus der Schulzeit wird über jungenhaftes Aussehen, laute, aufdringliche Stimme, dauerndes, hektisches Reden berichtet. Sie habe ständig Zuwendung gesucht und versucht, Aufmerksamkeit zu erregen. Ihr Verhalten war sprunghaft und lebhaft, sie hatte nie Freunde oder Freundinnen und trotz guter Intelligenz waren ihre Leistungen wegen „Faulheit" mäßig. Sie galt zu Hause und in der Schule als schwieriges Kind. Die Zeugnisse klagen über Unruhe, schlechte Aufmerksamkeit und schwieriges Verhalten mit Kameraden. Als sie zehn ist, lassen sich die Eltern scheiden und die alleinerziehende Mutter, Krankenschwester mit häufigem Nachtdienst, kann Margit und deren Hausaufgaben nur noch wenig kontrollieren. Trotzdem schafft sie den Übertritt an die Realschule, verlässt aber die Schule nach der achten Klasse, die wiederholt wurde, also nach neun Pflichtschuljahren ohne Abschluss.
> Mehrere Lehrstellen werden aufgegeben oder gekündigt, schließlich jobbt sie bei Mc Donald's in der Küche, hat kurzfristig eine Putzstelle bei der Kirche und lebt schließlich von der Sozialhilfe. Schon als 15-Jährige war sie dem Alkohol und der Spielsucht verfallen und beging zahlreiche Automatendiebstähle. Die Freund- und Liebschaften wechselten schnell und immer wieder wurde Geld von Arbeitskollegen und Freunden geborgt – ohne Chance auf Rückzahlung –,

denn das Geld wurde sofort für unmögliche exklusive Dinge ausgegeben. Sie wird zur Schuldbegleichung verurteilt. Anfangs kommt die Mutter noch für sie auf, später lässt sie Margit sogar von der Polizei aus ihrer Wohnung entfernen, da sie immer fordernder und schließlich sogar handgreiflich wird. Erste Einweisung in die Psychiatrie, Flucht nach wenigen Tagen, Diagnose: ***Dissozialität.*** Zwei Schwangerschaften, die abgehen, Geschlechtskrankheiten, erneute Schwangerschaft und Geburt einer Tochter, die nach großen Schwierigkeiten von der Großmutter als Pflegekind aufgenommen wird. Zwei Jahre später wird das zweite Kind, ein Junge, geboren. Kind und Eltern leben in miserablen Verhältnissen, Vater verschwindet und Margit taucht öfter mit Säcken voll dreckiger Wäsche und dem Kind bei ihrer Mutter auf, lässt sich dort durchfüttern, dabei stiehlt sie Geld und Hausrat. Den vom Jugendamt bestellten Erziehungsbeistand lehnt sie ab, vernachlässigt und schlägt das Kind, wenn es stört. Schließlich, als eines Nachts das Kind ununterbrochen schreit, nach einem vorausgegangenen angeblichen Treppensturz, gerät sie außer sich vor Zorn, schlägt so lange zu, bis das Kind nur noch wimmert und am nächsten Morgen tot im Bett aufgefunden wird.

2 Diagnostik

Von sicheren Untersuchungsmethoden oder einfachen Möglichkeiten, die Diagnose „Aufmerksamkeitsstörung mit oder ohne Hyperaktivität" zu stellen und abzusichern, ist man noch weit entfernt. Das zu erreichen wird auch eine Wunschvorstellung bleiben, da komplizierte Hirnfunktionen sich einfachen Tests und Verfahren entziehen. Es gibt keine Blut- oder Laboruntersuchung, keine technische Untersuchung wie EEG, CT oder Kernspintomographie und auch keinen psychologischen Test, mit dem man diese Diagnose routinemäßig stellen kann. (Siehe Leitlinie der AG ADHS der Kinder- und Jugendärzte und Leitlinie der Kinder- und Jugendpsychiater.)

2.1 Diagnostische Klassifikationssysteme

Zwei Klassifikationssysteme stehen für die Einordnung zur Verfügung:
– das DSM-IV (American Psychiatric Association, 1994) und
– das ICD-10 (World Health Organisation, 1993).
Beide unterscheiden sich z. T. in der Definition und auch in der Benennung der Störung, wie aus Anhang 2 deutlich wird.

Dennoch ist eine weitgehende Übereinstimmung in den wichtigsten Kriterien festzustellen, dass z. B.
– das Ausmaß der Symptome weit über den Entwicklungsstand des Kindes und dem der Altersgenossen hinausgeht,
– die Symptome länger als sechs Monate vorliegen müssen,
– die Störungen überwiegend schon vor dem siebten Lebensjahr in Erscheinung treten,
– die Beeinträchtigungen sich in mindestens zwei Lebensbereichen zeigen und beobachtet werden können,
– deutliche Hinweise auf Beeinträchtigungen im sozialen, schulischen und familiären Umfeld vorhanden sein müssen.

Im DSM-IV sind bisher drei Subtypen definiert: (Die Differenzierung des Erscheinungsbildes „Aufmerksamkeitsstörung/Hyperaktivität" steht damit jedoch erst am Anfang.)
– Der vorherrschend hyperaktiv-impulsive Typ, der die Zeichen der Hyperaktivität sehr stark ausgeprägt, die Aufmerksamkeitsstörung aber eher gering zeigt.
– Der vorherrschend unaufmerksame Typ, bei dem vor allem die Aufmerksamkeitsstörung vorliegt, während Hyperaktivität/Impulsivität nur selten auftritt.
– Ein Mischtyp, beim dem die Kriterien der Aufmerksamkeitsstörung und die Kriterien der Hyperaktivität/Impulsivität erfüllt sind.

Eine erhebliche Anzahl der Kinder zeigt auch deutliche Symptome des oppositionellen, aufsässigen Verhaltens. Diese Störung wird gesondert definiert, ist aber nicht selten mit Aufmerksamkeitsstörung und Hyperaktivität kombiniert.
Auch diese Kriterien werden im ICD-10 und DSM-IV beschrieben, und zwar weitgehend identisch.

Tabelle 2: Symptom-Kriterien der Störung des Sozialverhaltens mit oppositionellem, aufsässigem Verhalten nach ICD-10 (Forschungskriterien) und der Störung mit oppositionellem Trotzverhalten nach DSM-IV

1. [Hat für das Entwicklungsalter ungewöhnlich häufige oder schwere Wutausbrüche.]*
   {Wird schnell wütend.}
2. Streitet sich häufig mit Erwachsenen.
3. Widersetzt sich häufig aktiv den Anweisungen oder Regeln von Erwachsenen oder weigert sich, diese zu befolgen.
4. Ärgert andere häufig absichtlich.
5. Schiebt häufig die Schuld für eigene Fehler oder eigenes Fehlverhalten auf andere.
6. Ist häufig reizbar oder lässt sich von anderen leicht ärgern.
7. Ist häufig zornig und ärgert sich schnell.
8. Ist häufig boshaft oder rachsüchtig.

* { } = *nur DSM-IV;* [ ] = nur ICD-10

(Aus *Döpfner, Schürmann & Frölich.* 1998, Tab. 2, S. 7)

Die wichtigste Information, die auf den richtigen Weg zur Diagnose führt, ist die Lebensgeschichte des Kindes und seiner Familie. Es ist sehr zeitaufwendig, die Eltern den Werdegang und die Probleme ihres Kindes schildern zu lassen und verlangt unvoreingenommenes Zuhören. Jeglicher Kommentar und jegliche Wertung müssen bei einer solchen Anamnese unterbleiben.
Zusätzliche Informationen erhält man von Außenstehenden, die ebenfalls mit dem Kind zu tun haben: Geschwister, Großeltern, Nachbarn, Erzieher im Kindergarten oder Hort, Lehrerinnen und Lehrer in der Schule und Betreuer in anderen Einrichtungen. Oft haben Eltern schon bei vielen Stellen Hilfe gesucht, es wurden verschiedene Fördermaßnahmen durchgeführt, ehe sie mit der Fragestellung und der Suche nach einer Diagnose zum Arzt kommen.
Die Schilderung der Kinder selbst beschreibt wenig ihr eigenes Verhalten und insbesondere ihr Fehlverhalten – ihre Einsicht in eigenes Fehlverhalten und dessen Auswirkung auf andere ist außerordentlich gering –, oft wird hier aber ihr Leiden unter der Situation sehr deutlich. Sie spüren sehr deutlich ihr Anderssein und

möchten „so sein wie die anderen". Gelegentlich sagen sie auch: „Ich bin immer so böse, so wütend, so flippig, ich höre nie hin, ich mache meine Sachen kaputt und verliere sie immer." Aber oft sagen sie auch: „Die können mich alle nicht leiden, sind gemein zu mir, der Lehrer schimpft mich immer, ich kriege immer nur schlechte Noten."

2.2 Medizinische Diagnostik

Die Beachtung der Gesamtmotorik ist eine wichtige Voraussetzung, um die Fähigkeiten und Schwächen des Kindes, das Zusammenspiel und die Steuerung der Motorik und die Umsetzung verbaler Bewegungsaufgaben in Handlung zu sehen und richtig einschätzen zu können. Aber sie ist auch wichtig, um andere Krankheiten auszuschließen, die ein ähnliches Erscheinungsbild bieten könnten (z. B. hirnorganische und neurologische Krankheiten, Stoffwechsel- und Muskelerkrankungen).

Bei der differenzierten körperlichen und neurologischen Untersuchung findet man selten erhebliche neurologische Auffälligkeiten, häufig jedoch sogenannte neurologische „soft signs", d. h. Zeichen, die alleine keinen Krankheitswert haben, aber geringfügig von der Norm abweichen. Zum Beispiel erkennt man oft einen **unharmonischen Bewegungsablauf** und damit eine deutliche Diskrepanz zu anderen Kindern. Während die Bewegung gesunder Kinder meist rund und wellenförmig ist, wirken die Bewegungen dieser Kinder ausgesprochen eckig, ruckartig und ungeschickt. Häufig zeigen sich mäßige Störungen der Feinmotorik, der Balancefähigkeit, der allgemeinen Geschicklichkeit, also insgesamt Zeichen einer leichten Hirnfunktionsstörung. Auffallend sind auch zahlreiche Wahrnehmungs- und Programmsteuerungsstörungen und fast immer erhebliche Verzögerungen in der psychomotorischen Entwicklung und in der sensorischen Integration.

Viele verbale Aufforderungen werden vorschnell und damit oft ungenau umgesetzt, z. B.: „Geh auf der Linie, immer Ferse an die große Zehe!" Das Kind balanciert sofort auf der Linie, vergisst aber, dass die Füße sich berühren sollen. Oder es reagiert erst mit Verzögerung und hat nicht verstanden, was es machen soll, z. B.: „Stell die Füße zusammen, schließe die Augen, strecke die Arme nach vorn!" Das Kind versucht fuchtelnd auf einem Bein zu balancieren.

Schon leichte Ausdauerübungen fallen schwer, z. B.: „Mit geschlossenen Augen ruhig stehen!" – Man sieht das Kind grimassieren, blinzeln, ächzen, stöhnen, mit den Armen fuchteln und hört dauerndes Fragen: „Wie lange noch?"

Übertriebene, fast militärisch zackige Durchführung der Aufgabenstellung (à la „Ich will es besonders gut machen!") und ständig verbale Begleitung aller Tätigkeiten mit Geräuschen oder Kommentaren: „Ist doch baby!", „Hab' ich schon hundertmal gemacht!", „Kann ich sowieso nicht!", „Das geht nicht!", sind sehr häufig.

Mitbewegungen der freien Hand bei Einhandaufgaben und fehlender Rhythmus bei der Aufgabe: „Geh im Kreis und klatsche bei jedem vierten Schritt in die Hand!", sieht man viel öfter als bei Gleichaltrigen (vgl. *Skrodzki* 2001).

Der Kinderarzt berichtet:
„Die Mutter kommt mit dem achtjährigen Alexander ins Sprechzimmer, um ein Problem zu besprechen. Der kleinere, zweijährige Bruder ist auch mit dabei. Während die Mutter das Problem schildert, können sich beide Kinder frei im Raum bewegen. Es sind reichlich Spielzeug und Bilderbücher vorhanden. Alexander geht zur Liege, einmal um die Liege herum, klappt die Tür des Instrumentenschrankes auf, nimmt den Reflexhammer heraus, klappt die Tür wieder zu, klopft mehrfach erst auf die Liege, dann auf das Holz des Schrankes. Die Mutter und ich sprechen ihn an, zeigen ihm Spielzeug und Bücher. Alexander nimmt ein Buch in die Hand, legt es wieder hin, geht zur Liege, nimmt den Hammer und klopft an das Metallgestänge der Liege, fragt mich, wozu das da sei, legt den Hammer hin, läuft zur Waage, steigt darauf, zieht den Messstab für die Größe zu sich herab, klappt ihn zehnmal auf und zu. Er wippt auf der Waage, steigt auf meine Bitte hin, das sein zu lassen, von der Waage herunter. Er läuft zur Babywaage, drückt darauf, freut sich, dass sich der Zeiger dreht, versucht es weitere Male, bis die Waage anfängt zu schaukeln und ich ihn bitte aufzuhören. Er greift nach der Messmulde für Säuglinge, schiebt die Messlatte hin und her, fragt, wozu das Papier sei, zerknüllt es, indem er den Größenschieber mit Gewalt darüberschiebt, wird von der Mutter ermahnt und zu ihr geholt. Er läuft zum Bücherregal, zieht mehrere Bücher heraus, lässt sie auf den Boden fallen. Läuft zur Liege, nimmt den Reflexhammer, klopft mehrfach auf den Schrank, legt den Hammer hin, ehe wir etwas sagen können; nimmt das Stethoskop, steckt es in die Ohren, läuft zur Mutter und beginnt sie abzuhören. Er läuft wieder zur Waage, beginnt den Messstab zu biegen, bis ich ihn bitte, das sein zu lassen. Er beginnt das Ausgleichsgewicht der Waage abzuschrauben, läuft zum Bruder, der auf dem Boden mit der Eisenbahn spielt, nimmt die Eisenbahn weg, hakt die Wagen aus, hakt sie wieder ein, verdreht sie, bis ein Haken abbricht, und stellt sie wieder dem Bruder hin. Während der ganzen Zeit versucht die Mutter ihn mehrmals zu ermahnen und lässt ihn nur auf meine Worte hin weitermachen. Nach zehn Minuten – so lange hat das Ganze gedauert – brechen wir das Gespräch ab und vereinbaren einen Termin ohne Alexander, um uns in Ruhe über eben dieses Problem unterhalten zu können. Der zweijährige Bruder hat während der ganzen Zeit mit einer Eisenbahn und Bauklötzen auf dem Boden gespielt."

Wichtig ist, dass die Eltern zur Untersuchung alles mitbringen, was über das Verhalten ihres Kindes Aufschluss geben kann: Hefte, Zeugnisse, Zeichnungen, Briefe oder Aufzeichnungen des Kindes.

In den Heften sieht man die Auswirkungen der Störung in der Feinmotorik und in der Körperkoordination, besonders an der Schrift. Die Hefte, Zeugnisse und gemalten Bilder sollte sich auch der Kinderarzt ansehen, da sie in ihrer Eindrücklichkeit zur Diagnosefindung beitragen können.

Teil 3: Diagnostik

Beispiel: Nina, 12 Jahre

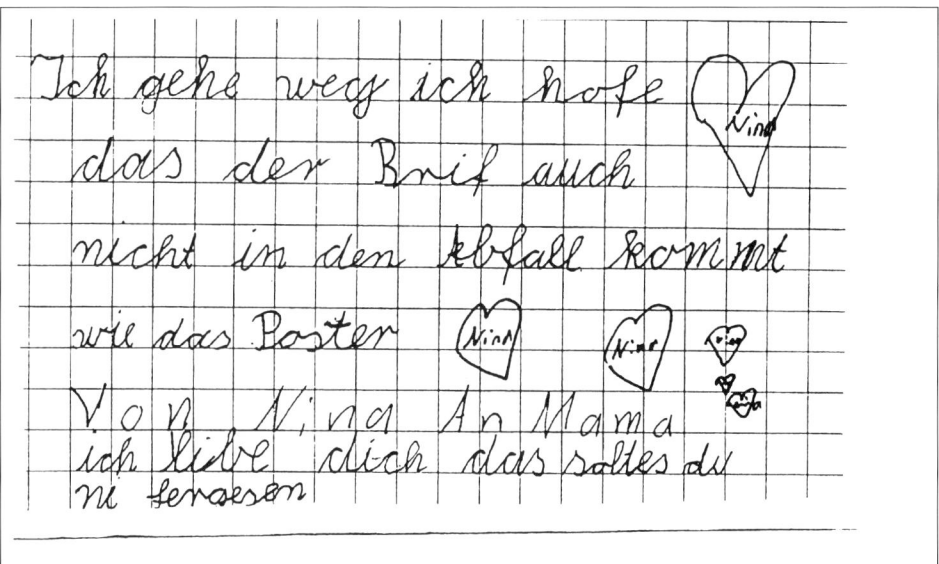

Häufig liegen von diesen Kindern Vorbefunde aus Kliniken und Ambulanzen, von verschiedenen Ärzten und anderen Einrichtungen vor (Unfall-, Operationsberichte; Untersuchungsergebnisse z. B. zu Frühgeburt, Entwicklungsverzögerung, Verdacht auf Hör- und Sehstörung; Berichte und Tests von Frühförderstellen, Schulpsychologen, Familien- und Erziehungsberatungsstellen).
Der Kinder- und Jugendarzt hat die günstigsten Voraussetzungen für die Dauerbetreuung dieser Kinder. Häufig kennt er Kind und Eltern schon längere Zeit und kann den Entwicklungsverlauf beurteilen und in vielen Fällen auch die häuslichen Verhältnisse. Eltern und Kind kennen ihn als Ansprechpartner. Auch Schulprobleme sind bei ihm leichter anzusprechen, da er nicht im Verdacht steht, dass Beschwerden über Lehrer negative Auswirkungen für das Kind haben könnten. Die Vergleichsmöglichkeiten mit dem Entwicklungsgang vieler anderer Kinder über Jahre – oft bis zur Volljährigkeit – sind ein Vorteil (*Skrodzki* 2001).
Der Arzt sollte als **Koordinator** die verschiedenen schon erhobenen Befunde zusammentragen, die ergänzenden Informationen aus Elternfragebögen, aus dem Conners-Bogen und dem modifizierten Conners-Lehrerfragebogen (vgl. Anhang 1) mit seinem eigenen Befund vergleichen und ergänzen, diese Informationen nach den Kriterien von DSM-IV oder ICD-10 beurteilen und aus der Gesamtsicht und der Kenntnis der Entwicklung des Kindes schließlich zu einer „Verdachtsdiagnose" kommen.

Die wichtigsten Fragen, die der Arzt beantwortet, sind:
– Ist das Kind hyperaktiv, hat es eine Aufmerksamkeitsstörung?

- Hat das Kind andere Begleiterkrankungen (Komorbidität), die sich auf das Erscheinungsbild (z. B. Minderbegabung, oppositionelles Verhalten, dissoziales Verhalten, Depression) auswirken?
- Hat das Kind Teilleistungsstörungen[14] (z. B. Legasthenie oder Rechenschwäche)?
- Hat das Kind Tics[15]?
- Ist die Familiensituation (z. B. Alkoholismus, Verwahrlosung, Misshandlung) so, dass sie als Auslöser infrage kommt?
- Bestehen andere körperliche Erkrankungen oder Störungen (z. B. Wirbelsäulenveränderungen, Hauterkrankungen), die unabhängig von dem angesprochenen Krankheitsbild zu behandeln sind?

Ein Teil dieser Fragen kann aus der Anamnese und den vorliegenden Befunden beantwortet werden, andere Fragen müssen von Kinder- und Jugendpsychiatern oder bei extrem schwerer Zuspitzung der Situation mit Fremd- oder Eigengefährdung während eines stationären Klinikaufenthalts in einer Kinder- und Jugendpsychiatrie abgeklärt werden.

2.3 Ausschlussdiagnostik

Verschiedene Untersuchungen, die nicht zur Diagnose Aufmerksamkeitsstörung/Hyperaktivität beitragen können, müssen dennoch durchgeführt werden, um andere Krankheiten auszuschließen. Das sind vor allem folgende Untersuchungen:
- Das EEG soll unerkannte Epilepsien,
- das EKG Rhythmusstörungen,
- die Untersuchungen des Blutes (Blutbild, Schilddrüsenhormone, Leber-, Nierenwerte) Eisenmangel, Schilddrüsen-, Leber- und Nierenfunktionsstörungen ausschließen.

Diese Krankheiten würden völlig andere Therapien notwendig machen. (Siehe Leitlinie der AG ADHS der Kinder- und Jugendärzte.)
Darüber hinaus müssen Seh- und Hörvermögen überprüft werden. Unerkannte Sehschäden und Sehstörungen, Hörminderung und Fehlhörigkeit können Kinder ebenfalls zu Unruhe, Aufmerksamkeitsstörung und Lernverweigerung bringen, da sie vom dargebotenen Lehrstoff nur Teile wahrnehmen können.
Ausschlusskriterien nach den Definitionen von ICD/DSM sind tiefgreifende Entwicklungsstörungen (z. B. schwere geistige Behinderung), Schizophrenie, psychotische oder andere psychische Störungen.

---

14 Für den Begriff „Teilleistungsstörung" haben sich zwei Bedeutungen eingebürgert: Im psychiatrischen Kontext werden die umschriebenen Entwicklungsstörungen, i. e. Legasthenie oder Dyskalkulie, als Teilleistungsstörungen bezeichnet, während im psychologischen bzw. sonderpädagogischen Bereich meistens die zugrunde liegenden Funktionsstörungen unter diesem Begriff verstanden werden.

15 Tics sind unwillkürliche, plötzlich einschießende Muskelzuckungen, die unregelmäßig wiederholt werden. In Kombination mit Vokal-Tics (unwillkürlich ausgestoßene Laute und Worte, z. T. fäkalsprachlich) werden sie als Tourette-Syndrom bezeichnet. Sie können bewusst kaum unterdrückt werden.

2.4 Die psychologische Diagnostik

Aus der psychologischen Perspektive wird mithilfe geeigneter Tests versucht,
- Art und Grad der Konzentrationsschwierigkeiten zu bestimmen,
- Teilleistungsstörungen festzustellen,
- den kognitiven Stil (Impulsivität versus Reflexivität) zu eruieren,
- die Struktur der kognitiven Leistungsfähigkeit zu erkennen.

Die Befragung der Lehrkräfte über die aufgetretenen Schwierigkeiten anhand eines Fragebogens ist ergänzend erforderlich.
Zur psychologischen Diagnose gehört des Weiteren die Verhaltensbeobachtung des Kindes in verschiedenen Situationen. Das Kind wird bei mehreren Gelegenheiten beobachtet, da das Verhalten meist stark schwankend ist. Ebenso wird bei der Beobachtung nicht ausschließlich das Kind im Fokus stehen, sondern immer auch mit registriert, welche Bedingungen im aktuellen Umfeld der Beobachtungssituation gegeben waren (vgl. *Imhof & Meyerhöfer* 1995).
Neben der Beobachtung der schulischen Verhaltensweisen wird die Eltern-Kind-Interaktion betrachtet. Dabei sind insbesondere kritische Situationen von Bedeutung, z. B. Anweisungen geben, Lob und Tadel, beim Spiel Bitten aussprechen oder Grenzen setzen. Wenn die direkte Beobachtung dieser Interaktionen nicht möglich ist, so findet auf jeden Fall ein Gespräch mit den Eltern über den elterlichen Erziehungsstil oder über aktuelle Krisen im Leben des Kindes statt.
Die Erstellung einer Diagnose muss immer auf eine breite Basis gestellt werden, damit es nicht zu Fehleinschätzungen kommt. In Überlegungen zu diagnostischen Strategien wird jedoch erstaunlicherweise fast nie darauf hingewiesen, dass auch das Kind selbst befragt werden sollte. Zusätzlich zu den Expertenuntersuchungen wird daher auch vorgeschlagen, das Kind selbst in die Erhebung der Daten für die Diagnose mit einzubeziehen, wie dies beispielsweise in amerikanischen Studien bereits versucht wurde. *DuPaul* (1994, S. 170) hat einen Selbstbeobachtungsbogen für Kinder entwickelt, der in deutscher Übersetzung in Anhang 3 aufgenommen ist. Diesen Fragebogen können Kinder benutzen, um ihr eigenes Verhalten einzuschätzen und sich ihre Probleme, aber auch Erfolge zu vergegenwärtigen.
Beim Einsatz eines solchen Verfahrens sind zwei Aspekte zu beachten: Die Kinder müssen eine Anleitung dazu erhalten, sodass sie verstehen, dass es in ihrem Sinne ist, möglichst wahrheitsgemäß und nicht beschönigend zu antworten. Das Verfahren muss so angelegt sein, dass das Kind auch Positives über sich berichten kann und nicht unablässig auf seine Schwierigkeiten gestoßen wird. Dies lässt sich etwa dadurch erreichen, dass eine Reihe verschiedener Kriterien angeboten werden, die aller Wahrscheinlichkeit nach nicht alle auf einmal negativ beurteilt werden müssen. Zum anderen können Erfolgserlebnisse explizit abgefragt werden. Wichtig ist auch die Nachbereitung der gesammelten Selbstbeobachtungen. Über den Einsatz solcher Verfahren wird der Schulpsychologe in Absprache mit den anderen Experten befinden müssen.

Die psychologische Diagnostik für Aufmerksamkeitsstörungen/Hyperaktivität hält sich auch an die bereits genannten Diagnoseschemata (DSM-IV und ICD-10), die aufgrund jahrelanger, internationaler Forschungen zusammengestellt wurden und für den Bereich der klinisch-psychologischen Diagnose eine gewisse Verbindlichkeit haben.

Bei der Diagnostik wird der Blick nicht allein auf die Verhaltensschwierigkeiten gerichtet. Es wird auch erfasst, unter welchen Bedingungen das Verhalten auftritt, wodurch es ausgelöst und aufrechterhalten wird. Außerdem werden auch solche Situationen beschrieben, in denen sich das problematische Verhalten gerade **nicht** zeigt. Manche aufmerksamkeitsgestörten Kinder zeigen eine erstaunliche Konzentrationsfähigkeit in solchen Situationen, in denen sie Aufgabenstellung und Arbeitstempo selbst bestimmen können. Manche Kinder sind vorwiegend in solchen Situationen unruhig, die von ihnen Stillarbeit verlangen, andere wieder eher in typischen Unterrichtsgesprächen. Gerade das Erfassen von positiven, angemessenen Verhaltensweisen kann ein Ansatzpunkt für pädagogische und psychologische Maßnahmen liefern.

2.5 Die Rolle von Lehrkräften bei der Diagnostik

Bei der Diagnose von Verhaltensschwierigkeiten bei Schulkindern ist selbstverständlich auch die Lehrerin oder der Lehrer des Kindes als Experte mit einzubeziehen. Der tägliche Umgang bringt es mit sich, dass Lehrkräfte das Kind in einer großen Bandbreite von Kontexten erlebt. Dazu gehören sowohl die Palette vielfältiger unterrichtlicher Situationen als auch die außerunterrichtlichen Beobachtungsgelegenheiten, wie das Verhalten in den Pausen, in den Zwischenstunden oder bei externen Veranstaltungen wie Schulausflügen und Klassenfahrten. Die Beobachtungen der Lehrerinnen und Lehrer sind unentbehrlich bei der Diagnoseerstellung, zumal bei aufmerksamkeitsgestörten, hyperaktiven Kindern in der Diagnosesituation beim Psychologen oder beim Arzt das auffällige Verhalten gar nicht in dem Maß auftritt, wie man es erwarten würde. In dieser ungewohnten Eins-zu-eins-Situation erreicht das Kind fast immer bessere Ergebnisse als in einer Gruppe. Das direkte Gegenüber ist eine starke innere Motivation und außerdem fehlen viele sonst vorhandene Ablenkungen. Ein unkritisches Übertragen der Testergebnisse auf die Alltagssituation führt zu Fehlannahmen. Der Rückschluss: „Wenn das Kind will, dann kann es offensichtlich!", wäre völlig verfehlt.

Mögliche Beobachtungskriterien der Lehrkräfte sind:
– Wann und wo tritt das Problemverhalten überwiegend auf?
– Gibt es Fächer, in denen das Verhalten nicht oder nur selten zu beobachten ist?
– Verstärken sich die Verhaltensprobleme bei bestimmten Unterrichtsformen und Aufgabenstellungen (Gruppenarbeit, Stillarbeit, Unterrichtsgespräch)?
– Wie verhält sich das Kind in leistungsbetonten Situationen? Bei schriftlichen und mündlichen Prüfungen?

- Variiert das Verhalten im Laufe eines Schulvormittags? (Verstärkt es sich gegen Ende eines Schultages?)
- Welche Merkmale weisen die Arbeiten des Kindes auf? (Verschlechtert sich die Schrift im Laufe einer Arbeit? Häufen sich die Fehler in bestimmten Phasen?)
- Wie reagiert das Kind auf Anweisungen und Mahnungen? Auf welche Form der Mahnung reagiert das Kind?
- Welche Reaktionen auf Misserfolgserlebnisse kann man beobachten?
- Wie gestalten sich die sozialen Interaktionen mit den Klassenkameraden?
- Wie lässt sich das Verhalten des Kindes kontrollieren (z. B. durch bestimmte Vereinbarungen)?
- Welche Aufgaben übernimmt das Kind besonders gern?
- Wie reagiert das Kind auf Störungen?

Diese Beobachtungen lassen sich zu einem differenzierten Gesamtbild zusammenstellen, aus dem sich im günstigsten Fall auch Konsequenzen für die Planung weiterer therapeutischer Maßnahmen ableiten lassen.

Die Beobachtungen der Lehrerinnen und Lehrer im Rahmen der diagnostischen Bemühungen sollten über die Qualität von Gelegenheitsbeobachtungen hinausgehen. Sicher sind diese der erste Anlass für eine Kontaktaufnahme mit Eltern oder anderen Experten. Zur Diagnosefindung reichen sie aber nicht aus. Es müssen zusätzliche systematische Beobachtungen durchgeführt werden, die ganz gezielt an relevanten Kriterien ausgerichtet sind. Dieses Verfahren wird sich über eine bestimmte Zeit erstrecken müssen. Am besten eignen sich dafür kurze tägliche Notizen, in denen Art, Anlass, Intensität und Dauer des Problemverhaltens festgehalten werden. Vielfach wird auch ein Fragebogen eingesetzt, in dem die wesentlichsten Kriterien (wiederholt) abgefragt werden. Ein solcher Fragebogen ist in Anhang 1 abgedruckt.

Die systematischen Lehrerbeobachtungen sind auch in der Phase der Interventionen wichtig. In regelmäßigen Abständen sollten die Verhaltensweisen des Kindes während der Therapiephase immer wieder eingeschätzt werden, um die Wirkung der eingesetzten Maßnahmen zu überprüfen (vgl. *DuPaul* 1994). Dabei ist allerdings darauf zu achten, dass der zeitliche Aufwand dieser Beurteilungen für Lehrkräfte möglichst gering ist, denn unvollständig ausgefüllte Beobachtungsbögen nutzen keinem etwas und erhöhen bestenfalls den Missmut der Beteiligten.

3 Therapie der Aufmerksamkeit

Die Probleme der Kinder und Jugendlichen mit Aufmerksamkeitsstörungen mit und ohne Hyperaktivität sind so vielfältig und komplex, dass ihnen meistens durch ein multimodales Behandlungskonzept begegnet werden muss. Die Schwierigkeiten im Bereich der Aufmerksamkeit und Konzentration, der Selbststeuerung bzw. Reaktionsverzögerung im motorischen Bereich und des Arbeitsverhaltens bedürfen der Hilfe auf mehreren Ebenen. Eine einzelne Maßnahme, sei es im pädagogischen, psychologischen oder medizinischen Bereich, kann die Kompetenzen der Kinder nicht entscheidend steigern. Das heißt aber nicht, dass für jedes einzelne Kind eine Vielzahl von Therapeuten und Therapien notwendig ist, sondern dass im Einzelfall entschieden werden muss, welche Therapieform oder Kombination eingesetzt werden kann. Es geht um eine Absprache zwischen den Therapeuten, zu welchem Zeitpunkt welche Maßnahme sinnvoll ist und wie lang eine Therapie durchgeführt werden soll. Wirksamkeit und Nutzen der Therapien sind immer wieder zu hinterfragen.

Bei der Aufmerksamkeitsstörung/Hyperaktivität kann die Intervention an mehreren Stellen ansetzen:
– bei den Eltern und der Familie,
– beim Kind oder
– in der Schule (bzw. vorher im Kindergarten).
Dementsprechend werden auch unterschiedliche Personen in die Maßnahmen eingebunden werden müssen (vgl. *Döpfner* 1998).

Durch die Fördermaßnahmen kann erreicht werden, dass das betroffene Kind und seine Bezugspersonen lernen, die besonderen Verhaltensweisen zu verstehen, sich darauf einzustellen und in gewissem Maß die Fähigkeit zur Selbststeuerung einerseits und zur Anpassung der Lernsituationen andererseits zu entwickeln. Die Unterstützungsmaßnahmen können das Leben aller Beteiligten erleichtern, nicht jedoch die Verhaltensstörungen der Kinder beheben.
Bei allen therapeutischen Ansätzen stehen an erster Stelle die Aufklärung und Beratung über das Krankheitsbild, seine Ursachen und Auswirkungen. Wenn diese Aufklärung nicht erfolgt, kann kein Verständnis gewonnen werden und ist keine Veränderung möglich.

Teil 3: Therapie

Entscheidungsbaum zur Planung einer multimodalen Therapie (nach *Döpfner* et al. 1998, S. 44, Abb. 13)

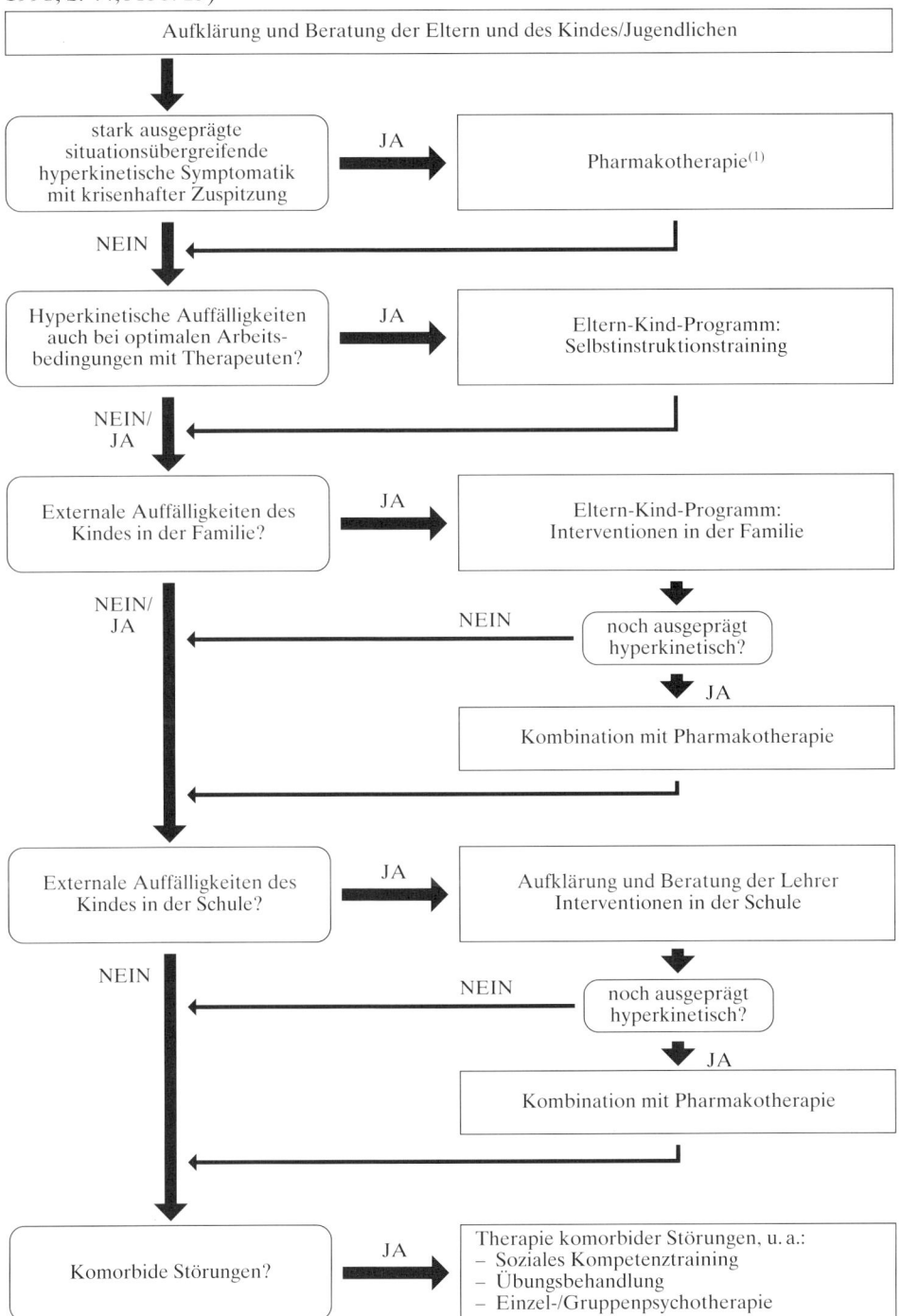

3.1 Medizinische Ansätze

3.1.1 Medikamente

Bei den Medikamenten, die bei der Behandlung der Hyperaktivität eingesetzt werden, handelt es sich nicht – wie man meinen könnte – um Tranquilizer und Sedativa[16], die hyperaktive Kinder dämpfen sollen („Pillen für den Störenfried"), sondern um Substanzen, die ähnlich aufgebaut sind wie unsere körpereigenen Neurotransmitter. Diese verringern offensichtlich zum Teil die Grundstörung (gestörte Reizleitung und Verarbeitung) oder heben sie sogar auf. Die wirksamste und gebräuchlichste Gruppe sind die sogenannten Stimulantien (Anregungsmittel), meist aus der Gruppe der Amphetamine.

Schon 1937 entdeckte *Bradley* die hilfreiche Wirkung der Stimulantien bei aufmerksamkeitsgestörten/hyperaktiven Kindern. Heute weiß man durch neue technische Verfahren, dass Methylphenidat – die am häufigsten eingesetzten Medikamente mit den Handelsnamen Medikinet® und Ritalin® – als Reuptake-Hemmer für Dopamin wirkt. Es sorgt dafür, dass Dopamin aus dem synaptischen Spalt langsamer in die Nervenzelle zurücktransportiert wird. Dadurch entsteht im Spalt eine höhere Dopaminkonzentration, was wiederum zu einer stärkeren und schnelleren Reizung der nachgeordneten Nervenbahn führt.

Die Wirkung des Medikaments zeigt sich bei hyperaktiven Kindern bereits eine halbe Stunde nach der Einnahme. Die Kinder werden ruhiger, aufmerksamer, ausgeglichener und die Fähigkeit zum Zuhören und Verstehen steigt. Ihr Verhalten kann besser an die emotionale Stimmung der Situation angepasst werden und sie scheinen plötzlich Kontext und Sinn einer Maßnahme zu verstehen.

Die Wirkung hält ca. 3,5 Stunden an. Nach einer Abklingzeit von einer halben Stunde ist das ursprüngliche hyperaktive Verhalten mit all seinen Problemen wieder vorhanden. Dieses „negative" Verhalten wird häufig deutlicher registriert als das unter Therapie gezeigte „Normalverhalten". 80% der Kinder sprechen auf das Medikament an und zeigen klare Verbesserungen in vielen Bereichen.

Als kurzfristige Nebenwirkungen sind Appetitlosigkeit, gelegentliche Kopf- und Bauchschmerzen und bei falscher zeitlicher Dosierung Schlafstörungen beobachtet worden. Ganz häufig werden jedoch schon vorher bestehende Schlafstörungen während der Therapie geringer. Das Medikament hat keine Auswirkung auf Leber und Niere. Langzeitnebenwirkungen sind bisher bei über 60-jähriger Beobachtung nicht erkennbar. Eine Abhängigkeit vom Medikament oder eine Toleranzentwicklung wird bei sachgemäßer Dosierung in der Fachliteratur nicht beschrieben. Die Sorge um eine Sucht ist nicht begründet, vielmehr scheint das Medikament Kinder und Jugendliche vor Suchtverhalten, das zum Krankheitsbild gehört, zu schützen (Reduzierung des Risikos für eine Drogenkarriere um 85%, *Biedermann* 1999).

Die Verhaltensänderung unter der Medikation ist für die Eltern, Erzieher, Lehrkräfte und die Kinder selbst oft verblüffend: Die Betroffenen sind plötzlich in der

---
16 Sedativa haben bei hyperaktiven Kindern häufig eine gegenteilige Wirkung, sie beruhigen nicht, sondern putschen auf.

Lage, ihre Umgebung richtig wahrzunehmen, Informationen regelgerecht zu verarbeiten und damit Leistungen zu erbringen und Verhalten zu zeigen, das ihrer Persönlichkeit und ihrem Vermögen entspricht. Schrift und Stil verbessern sich oft schlagartig, die (Leichtsinns-)Fehlerzahl sinkt. Es kommt zur Entspannung der familiären und schulischen Situation, zur Vermeidung weiterer Aggressionen und Frustrationen, die sonst als sekundäre Folgen das spätere Leben dieser Kinder in schwerster Weise beeinträchtigen.

Die Dosierung des Medikamentes muss individuell bestimmt werden und ist nur vernünftig durchführbar bei differenzierter und genauer Rückmeldung der Eltern, der Lehrkräfte und Erzieher.

Viele Menschen wehren sich – zum Teil mit Recht – gegen medikamentöse Therapien. Sie bevorzugen Hilfe durch „natürliche" Methoden. Es gibt jedoch Krankheiten und Situationen, in denen nur völlig Unwissende auf die Idee kämen, keine Medikamente zu geben: Niemand würde z. B. einem Diabetiker sein Insulin vorenthalten, weil er gegen Medikamente ist. Für viele Kinder mit einem Hyperkinetischen Syndrom stellt die medikamentöse Therapie die erste und oft einzige Möglichkeit dar, mit ihnen überhaupt wieder ins Gespräch zu kommen, eine Bereitschaft bei ihnen zu wecken, eine Familientherapie oder ein Programm zum Wahrnehmungstraining überhaupt mitzumachen. Oft werden Therapien fast schlagartig wirksam, die bisher über lange Zeit ohne erkennbaren Erfolg durchgeführt wurden. *Döpfner* meint: „Das Nichtbeachten medikamentöser Interventionsmöglichkeiten grenzt nach den vorliegenden empirischen Befunden an einen Kunstfehler, wenn alternative Therapien sich als nicht erfolgreich erweisen. Medikamentöse Interventionen müssen selbstverständlich in jedem Einzelfall einer genauen Effektivitätskontrolle und einer Kontrolle der Nebenwirkungen unterworfen werden" (vgl. *Döpfner* 1998, S. 188).

Da die Kinder Misserfolge zu Genüge kennen und darum vor jeder Leistung Angst haben, ist es wichtig, ihnen erst einmal Hilfe zum Erfolg zu geben. Zudem besteht für Mütter und Erzieher bei behandelten Kindern weniger die Notwendigkeit, in das Spiel oder in die Arbeit des Kindes einzugreifen, was dessen Selbstständigkeit fördert. Die Kinder kommen sogar von sich aus und sagen: „Jetzt will ich die Hausaufgaben machen!", oder „Das Lernen macht mir Spaß!".

Um die Wirkung des Medikaments zu stabilisieren und eine längerfristige Besserung zu erreichen, sind die Beobachtungen von Eltern, Erziehern und insbesondere von Lehrkräften von größter Bedeutung.

3.1.2 Diät

Zu allen Zeiten hat man versucht, mit Ernährung Krankheiten zu beeinflussen. Bei bestimmten Erkrankungen ist das sicher sinnvoll. In den 70er-Jahren hat sich die Meinung verbreitet, dass Verhaltensstörungen durch falsche Ernährung verursacht seien und man sie durch Diäten beseitigen könne.

Feingold (1975) beschrieb in den USA die Salicylate in der Nahrung als Ursache von Konzentrationsstörungen und Hyperaktivität. Bei salicylatarmer Kost ver-

schwänden die Symptome der Hyperaktivität sehr schnell. *Smith* (1975) schrieb die gleichen Symptome dem industriell hergestellten Zucker zu und ein Jahr später machte *Hafer* in Deutschland die Phosphate in der Nahrung verantwortlich. Gleichermaßen kamen Farb- und Aromastoffe ins Gerede, Konservierungsmittel und schließlich alle Nahrungsmittelzusätze. Alle Arten von Störungen sollten durch das Einhalten von bestimmten Diätvorschriften geheilt werden. In den USA und Deutschland fanden diese Schriften weite Verbreitung und sorgten dafür, dass das Problem Hyperaktivität in der Öffentlichkeit zunehmend bekannt wurde. Es wurden Selbsthilfegruppen gegründet, die ihre Erfahrungen weitergaben, u. a. Rezepte und Einkaufsmöglichkeiten für „natürliche Nahrungsmittel". Zahlreiche Studien zur Wirksamkeit wurden durchgeführt, aber alle seriösen Untersuchungen konnten **keinen** sicheren Zusammenhang zwischen Ernährung und Verhalten einerseits und Diät und Verhaltensänderung andererseits nachweisen. Allerdings kam es in **Einzelfällen** unter einer bestimmten Diät (allergenarme Ernährung), die ganz individuell erprobt werden musste, bei hyperkinetischen Kindern zu einer Reduzierung ihrer Störungen. Diese Beobachtung wurde von Eltern und Ärzten gemacht, statistisch signifikant waren die Zahlen nicht.
Egger hat für das kombinierte Krankheitsbild Hyperaktivität, Migräne und Neurodermitis Studien in London und München durchgeführt und eine „Oligoantigene Kost" vorgeschlagen und über positive Auswirkungen berichtet.

Austestung, Zusammenstellung und Durchführung der Diäten stoßen aber im Alltag auf größte Schwierigkeiten:
– Es gibt eine sehr große Streuung der Substanzen, die stören sollen.
– Die gesamte Familie muss auf diese Kost eingestellt werden.
– Viele Kinder entschuldigen ihr unangemessenes Verhalten mit „Diätfehlern" und fühlen sich damit nicht mehr verantwortlich.
– Die konsequente Durchführung der Diät macht die Kinder noch mehr zu Außenseitern (sie müssen auf die Party ihre Tüte mit Spezialkuchen mitbringen und dürfen keine Süßigkeiten essen).
– Besonders Jugendliche wollen mit den Gleichaltrigen mithalten und halten sich nicht an die Diät.

Insgesamt sind die Erfolge der Diät so vage und zahlenmäßig so gering, dass diätetische Maßnahmen nicht zu empfehlen sind. Auf eine vernünftige, ausgewogene und gesunde Ernährung sollte allerdings geachtet werden.

3.2 Psychotherapeutische Ansätze

Neben einer medizinischen Therapie sind psychotherapeutische Interventionen erforderlich. Abhängig vom Kind und seiner Situation werden eher schulisch orientierte Programme, Strategie-, Konzentrations-, Sozialverhaltenstrainings, Trainings zur Entwicklung von Selbstkontrolle oder zur Förderung der Selbstwahrnehmung und zum Aufbau eines positiven Selbstbildes erfolgreich sein.

Es liegen eine Reihe von Trainings vor, die in der psychologischen Praxis mit aufmerksamkeitsgestörten Kindern erprobt worden sind. Auch wenn diese Programme Elemente enthalten, die sich für Arbeitsmöglichkeiten außerhalb des therapeutischen Kontextes eignen, sind sie zunächst für die Hand des Therapeuten entwickelt worden. Im Folgenden werden einige dieser Programme vorgestellt.

3.2.1 Wahrnehmungstraining

Lauth und *Schlottke* (1997) bauen ihr Training für aufmerksamkeitsgestörte Kinder hierarchisch auf und definieren als Grundlage die Förderung von sogenannten Basisfertigkeiten. Dazu zählen sie: „Genau hinsehen, genau zuhören, Wahrgenommenes genau wiedergeben."

Die Rolle des Therapeuten wird als modellhaftes Vorbild für effektive Wahrnehmungsstrategien herausgearbeitet, so z. B. bei der Trainingseinheit „Genau zuhören und nacherzählen" *(Lauth & Schlottke,* 1997, S. 84):

„Ich erzähle euch einmal, wie ich es mache, wenn ich gut zuhöre. Vier Dinge sind wichtig:

Ich schiebe andere Gedanken aus meinem Kopf weg (Handbewegung quer zur Stirn) und schaue den Erzähler an.

Ich frage mich zuerst nach der Hauptidee der Geschichte. Wovon handelt sie? Was ist das Wichtigste?

Ich frage mich, in welcher Reihenfolge in der Geschichte etwas geschieht.

Ich achte darauf, was die Personen in der Geschichte fühlen und warum es ihnen so geht.

Wie geht das noch einmal, gut zuhören? Wer kann mir das noch einmal erklären?"

Dann liest der Therapeut abschnittsweise eine Geschichte vor, die die Kinder der Reihe nach in diesen Abschnitten nacherzählen sollen. Beim Nacherzählen soll dann auch darauf geachtet werden, dass die Kinder zentrale Stellen des Textes nicht nur wiedergeben, sondern auch erklären können.

Auf diese Weise werden schrittweise geeignete Strategien besprochen und eingeübt, mit dem Ziel, die impulsiven, unüberlegten Reaktionen zu kontrollieren. Die Strategien müssen allmählich aufgebaut werden und dürfen nicht zu komplex sein und zu viel auf einmal fordern. Wichtig ist, dass die Schwierigkeit der Aufgaben so angepasst und gesteigert wird, dass die Kinder auch Erfolgserlebnisse verzeichnen können.

3.2.2 Selbstinstruktionstraining und Strategietraining

Das Prinzip des Selbstinstruktionstrainings besteht darin, dass die Kinder zunächst lernen, sich selbst schrittweise zu instruieren. Anfangs erinnern sie sich mit äußeren Hilfen, z. B. mit eigenen Signalkarten, daran, ihre Impulsivität zurückzuhalten. Nach dem Modell „Stop, look and listen" (*Douglas* 1972) geben sie sich selbst den Befehl zu einer Reaktionsverzögerung zugunsten einer genaueren Aufgaben- und Materialanalyse. Die einzelnen Instruktionen sind dabei in kleine, immer wiederkehrende Schritte zerlegt. *Lauth* und *Schlottke* schlagen dazu eine Folge von Selbstinstruktionen mit dazugehörigen, kindgemäßen Signalkarten vor, die an die einzelnen Verarbeitungsschritte erinnern sollen (1995, S. 123–129):

„Ich will anfangen."
„Was ist meine Aufgabe?"
„Ich mache mir einen Plan."
„Kenne ich etwas Ähnliches?"
„Sorgfältig und bedacht vorgehen!"
„Halt! Überprüfen!"
„Das habe ich gut gemacht!"

Ihre gesamte Tätigkeit begleiten die Kinder anfangs mit der Unterstützung des Therapeuten, später selbstständig mit laut verbalisierten Anweisungen. Gelingt durch diese Anweisungen die Unterbrechung des impulsiven Verhaltens und die kontrollierte Bewältigung der Aufgabe, so werden die lauten Äußerungen allmählich in leise flüsternde und schließlich in rein gedanklich gegebene Instruktionen übergeführt. Bereits *Wagner* (1976; 1990) hatte das Prinzip der Selbstinstruktion in ihrem Training für impulsive Kinder weiterentwickelt. Sie beschreibt, wie Eltern oder andere Bezugspersonen bei konzentrationsfordernden Spielen, z. B. bei Memory-Spielen oder dem Mikadospiel, als Modelle für Selbstinstruktion dienen. Dazu gehört, dass die Eltern oder andere Bezugspersonen laut vor sich hersagen, welche Strategie sie für den bevorstehenden Zug anwenden wollen, wie sie die Aufgabe in Teilschritten angehen und schließlich zu einer Lösung kommen. Gelingt ihnen die Lösung, dann gehört auch das Lob dazu.

Die Kinder werden angehalten, das Modell nachzuahmen und ebenfalls mit Selbstinstruktionen zu arbeiten, die dann allmählich zurückgenommen werden. Der Effekt dieser Übung für die Spielsituation ist nachgewiesen. Eine Übertragung der strategisch geschickteren Verhaltensweise auf andere, z. B. schulische Situationen ist oft schwierig. Möglicherweise benötigen die Kinder auch hier nochmals Hilfe, sodass sie die Ähnlichkeit der Situationen erkennen können und verstehen, wie sie die neu gelernten Verhaltensweisen in dieser Situation anwenden können.

3.2.3 Programme zur Verhaltensmodifikation

Mithilfe der Verhaltensmodifikation soll erreicht werden, dass die Kinder konstruktive Verhaltensweisen erlernen, die es ihnen erlauben, sich besser in einer Gruppe und der Schulklasse zurechtzufinden und die Selbststeuerung so zu verbessern, dass das Arbeitsverhalten positiv beeinflusst wird. In geringerem Maß geht es auch darum, störende oder schädigende Verhaltensweisen abzubauen. Die zentrale Strategie bei diesen Maßnahmen ist die Verstärkung von angemessenem Verhalten. Verstärkung kann auf zwei Wegen erreicht werden: entweder durch Lob oder eine andere Form der Belohnung oder aber dadurch, dass in Anerkennung des angemessenen Verhaltens bestimmte negative Maßnahmen wieder entfernt werden. Dabei kommt es wesentlich darauf an, dass das Lob oder die Verstärkung zeitlich unmittelbar nach der Beobachtung des erwünschten Verhaltens gegeben wird, damit für das Kind der Zusammenhang sichtbar wird und erhalten bleibt.

Wenn mit Verhaltensmodifikation gearbeitet wird, ist es vordringlich, dass durch sorgfältiges Beobachten zunächst die Schwerpunkte des Problemverhaltens erfasst werden und dann eine Zielrichtung für die Veränderung festgelegt wird. Man darf nicht sofort zu viel erwarten und dem Kind alle erdenklichen, mustergültigen Verhaltensweisen abverlangen wollen. Insofern muss die Festlegung der Zielrichtung auch fair sein und sich an dem orientieren, was das Kind im Augenblick zu leisten vermag.

Verhaltensmodifizierende Maßnahmen gehen nicht von einem Ideal- oder Normverhalten aus, das erreicht werden soll, sondern von den jeweiligen Verhaltens- und Entwicklungsmöglichkeiten des einzelnen Kindes und seiner Bezugspersonen. Ein Kind, das ständig durch das Klassenzimmer läuft, wird nicht lernen müssen, eine Stunde still zu sitzen, sondern zunächst einmal lernen müssen, fünf Minuten am Ort zu bleiben. Erst allmählich können die Anforderung an das Verhalten gesteigert werden. Ein sinnvoller Zwischenschritt kann sein, dass mit dem Kind vereinbart wird, wo und wie lange es herumlaufen darf (Churchill, der ebenfalls ein hyperaktives Kind gewesen sein soll, durfte einmal in jeder Stunde um das Schulhaus laufen; vgl. *Skrodzki* 1993, S. 157).

Die Zielverhaltensweisen werden mit dem Kind besprochen und werden aus der Sicht des Kindes bedacht. Es ist wichtig, darauf zu achten, dass das Kind Verhaltensweisen erlernt, die es ihm erlauben, mit den Aufgaben und mit seiner Umgebung zurechtzukommen, als dass das Kind die Verhaltensweisen erwirbt, die sich eine Lehrkraft idealerweise von einem „braven" Kind erwartet.

Verhaltensmodifizierende Maßnahmen arbeiten ganz systematisch mit der Belohnung von erwünschtem Verhalten, weniger mit Bestrafung von unerwünschtem Verhalten. Dabei ist darauf zu achten, dass klare Kompetenzen eingehalten werden. Es muss für das Kind deutlich sein, welche Bezugsperson für die Belohnung

verantwortlich ist. Eine beliebige „Steuerung" des Kindes durch unkontrollierte Belohnungsmechanismen muss unbedingt vermieden werden.
Die Programme sollen nach Möglichkeit schwerpunktmäßig darauf ausgerichtet sein, dass angemessenes und konstruktives Verhalten aufgebaut wird, dass also die Verhaltensmöglichkeiten der beteiligten Personen erweitert werden. Letztlich kommt es darauf an, dass ein entsprechendes Programm nicht verbotsorientiert angelegt ist, sondern eher **gebots**orientiert, sodass positive Verhaltensmöglichkeiten sichtbar werden. Das Verbieten oder Bestrafen von Verhaltensweisen lässt die Kinder im Unklaren darüber, was eigentlich das angemessene Verhalten ist.
Beispiele für positive Verhaltensziele sind:
„Ich melde mich, bevor ich rede."
„Ich höre der Lehrerin zu."
„Ich hole das Buch schnell heraus, wenn es die Lehrerin sagt."
„Ich schreibe mir die Aufgaben gleich auf, wenn sie an der Tafel stehen."
Diese Verhaltensweisen geben klar das erwünschte Verhalten an und können ohne Interpretationen beobachtet werden. Wenn sich ein Schüler entsprechend der Vereinbarung verhält, dann erhält er die vereinbarte Belohnung.
Die Belohnungen, die im Rahmen verhaltensmodifizierender Maßnahmen eingesetzt werden, müssen so ausgewählt sein, dass sie für die Schüler auch wirkliche Belohnungen sind. Außerdem ist es wichtig, eine breite Palette an Belohnungsmöglichkeiten anzubieten. Belohnungen sind nicht nur in der Form von verbalem Lob denkbar: Man kann dem Kind Spielzeit gewähren, eine Lieblingsaktivität erlauben, einen seiner Vorschläge aufgreifen, eine Aktivität aussuchen lassen, Strafen wegnehmen, den Computer benutzen lassen. Diese und ähnliche Maßnahmen wirken als Belohnung und verstärken das Bemühen um angemessenes Einhalten der Regeln.
Schließlich ist es erforderlich, eine gründliche Auswertung der Maßnahme vorzunehmen. Es muss geprüft werden, inwieweit bzw. welche Veränderungen sich eingestellt haben und wann das Programm als abgeschlossen gelten kann. Diese Auswertung ist im Einvernehmen mit allen Beteiligten vorzunehmen und darf keinesfalls über den Kopf des Kindes hinweggehen. Dabei muss die Beurteilung der Verhaltensweisen und -veränderungen fair und für das Kind durchschaubar vorgenommen werden.
Im Einzelnen werden als verhaltensmodifizierende Maßnahmen zum Aufbau von angemessenem Verhalten Kontingenzverträge und Verstärkersysteme (Token) vorgeschlagen. Sind Sanktionen von unerwünschten oder destruktiven Verhaltensweisen unumgänglich, werden „Auszeiten" (Time-Out) vereinbart. Diese Verfahren sollen im Folgenden kurz beschrieben werden:

a) Kontingenzverträge

Kontingenzverträge sind Vereinbarungen, die in Zusammenarbeit mit dem Kind schriftlich getroffen werden. In diesem Vertrag wird festgehalten, welches Zielverhalten erreicht werden soll. Dabei sind zwei Aspekte von Bedeutung: Das Ziel soll zusammen mit dem Kind festgelegt werden und das Ziel muss positiv formuliert sein. Beispielsweise kann vereinbart werden, dass das Kind immer erst bei der Lehrerin nachfragt, bevor es von seinem Platz aufsteht. Die Vereinbarung, dass das Kind nicht im Klassenzimmer herumlaufen sollte, ist dagegen eher ungünstig, da hier die positive Formulierung und vor allem die Zielorientierung fehlt.

Beispiel eines Kontingenzvertrages:

VERTRAG

Heute haben Michael und Dr. _____ vereinbart:

- Michael füllt jeden Tag das Selbstbeobachtungsblatt aus.
- Er bringt es zur nächsten Stunde mit.

Wenn Michael das Blatt zur nächsten Stunde mitbringt, darf er bestimmen, was wir in fünf Extraminuten machen – Computerspiel, Raufen auf der Matte oder Dart-Spiel. Diese Zeit geht von der Zeit ab, in der Dr. _____ bestimmen dürfte.
Das gilt unabhängig davon, wie oft Michael die drei Ziele geschafft hat.

Vergisst Michael, das Blatt auszufüllen oder mitzubringen, gehen fünf Minuten von seiner Zeit ab und diese Vereinbarung verlängert sich um eine Woche.

Bei Beendigung dieses Vertrages meldet Dr. _____ den Eltern den Erfolg.

_____, den _____

_____
    gez. Michael   gez. Dr.

Das Ziel muss für das Kind erreichbar sein, d. h. komplexe Verhaltensweisen können nur schrittweise erlernt werden. Es muss klar sein, unter welchen Bedingungen das Ziel erfüllt ist und welches die Konsequenzen sind für den Fall, dass das Ziel erreicht wird bzw. nicht erreicht wird. Der Kontingenzvertrag enthält Verpflichtungen für beide Seiten. Dies betrifft insbesondere die Tatsache, dass eine versprochene Belohnung auch eingelöst wird und die Anforderungen an das Kind von der Seite der Bezugspersonen nicht beliebig erhöht werden.

b) Verstärker- oder Tokensysteme

Verstärker- oder Tokensysteme können dieses Verfahren ergänzen. Das Kind erhält für angemessenes Verhalten in bestimmten Situationen oder Zeiträumen eine symbolische Belohnung in Form einer Spielmarke. So kann man mit dem Kind vereinbaren, dass es sich meldet, bevor es redet. Immer, wenn dies geschieht, erhält das Kind eine Spielmarke. Wenn das Kind eine vorher vereinbarte Zahl von Spielmarken erworben hat, dann kann es diese gegen eine Belohnung eintauschen. Dieses Verfahren erlaubt es, das Kind einerseits relativ häufig zu verstärken und ihm unmittelbar Rückmeldung über sein Verhalten zu geben und andererseits auch den Aufschub einer direkten Bedürfnisbefriedigung zu erlernen.

Kinder mit Aufmerksamkeitsstörungen sind gerade zu Beginn einer solchen Maßnahme darauf angewiesen, dass sie recht häufig und vor allem sofort nach dem gewünschten Verhalten positive Rückmeldung bekommen. Im Laufe der Zeit können dann die Verstärker etwas seltener eingesetzt werden, etwa nach jeder zweiten oder dritten Beobachtung des positiven Verhaltens. Es ist dabei darauf zu achten, dass bei der Verteilung der Verstärker für das Kind der Zusammenhang zwischen dem erwünschten Verhalten und der Belohnung ersichtlich wird. Insbesondere auch verbales Lob sollte daher nicht allgemein ausfallen: „Das war gut!", sondern spezifisch formuliert werden: „Du hast hier einen ganzen Absatz ohne Fehler geschrieben!"

c) Time-Out-Maßnahmen

Time-Out-Maßnahmen sollen unerwünschtes Verhalten abbauen. Sie werden eingesetzt, wenn ein Verstoß gegen die vereinbarte Verhaltensregel vorliegt und in dieser Situation eine andere Reaktion nicht möglich ist. Auch hier ist es wieder wichtig, dass das Kind klar erkennen kann, worin der Verstoß liegt, und dass es auch vorher bei der Festlegung der Verhaltensweisen, die als Regelverstoß gelten sollen, beteiligt war. Time-Out bedeutet, dass das Kind für eine begrenzte Zeit aus einer Situation herausgenommen wird. Dies lässt sich jedoch nur dann realisieren, wenn es einen Raum dafür gibt (und die im schulischen Kontext vorgeschriebene Aufsichtspflicht erfüllt wird). Die Time-Out-Maßnahme muss vom Kind als negative Konsequenz wahrgenommen werden. Dementsprechend ist es widersinnig, das Kind in die Leseecke zu schicken oder sich außerhalb des Klassenzimmers selbst zu überlassen.

Diese Form der Konsequenz auf das Verhalten des Kindes sollte jedoch sparsam angewendet werden, denn die Bestrafung von unerwünschtem Verhalten hilft dem

Kind nur wenig dabei, konstruktive Verhaltensweisen zu erlernen. Zu wissen, was man nicht tun soll, ist eine Sache; erfolgsorientierter ist es, wenn das Kind erlebt, welche Verhaltensweisen angemessen sind. Nur über diese positive Entwicklung kann das Kind Kompetenzen erleben und ein besseres Selbstwertgefühl aufbauen. Insgesamt sollten bei allen Maßnahmen die belohnenden Reaktionen der Bezugspersonen überwiegen, sodass in der Summe für das Kind mehr positive als negative Reaktionen zu verzeichnen sind. Es gibt jedoch Situationen, in denen das Time-Out-Verfahren für die Klasse und die Lehrkraft die einzige Möglichkeit ist, ein Vorhaben positiv zu Ende zu bringen.

Eine konsequente Durchführung der hier beschriebenen Maßnahmen am Arbeitsplatz Klassenzimmer ist außerordentlich schwierig. Halbherzige oder abgebrochene Versuche, kontingentes Verhalten zu trainieren, sind aber geradezu kontraindiziert. Lehrkräfte sollten deshalb nur solche Programme oder Teilprogramme beginnen, bei denen sie überzeugt sind, sie auch durchhalten zu können.

3.2.4 Training des Sozialverhaltens

Kinder mit Aufmerksamkeitsstörungen haben oft das Problem, dass sie mit ihrer sozialen Umgebung, insbesondere mit Gleichaltrigen, nur schlecht zurechtkommen. Sie werden oft abgelehnt, weil sie bestimmte Spielregeln nicht einhalten. Sie platzen in ein Spiel hinein, ohne zu fragen, verändern Regeln, unterbrechen und zerstören schlimmstenfalls. Die Schwierigkeit dabei ist nicht, dass die Kinder nicht wüssten, wie sie sich verhalten sollten. Im Gegenteil, man hat immer wieder festgestellt, dass die Kinder sehr wohl die Verhaltensregeln nennen können, wenn man sie danach fragt. Probleme bereitet die Umsetzung dieser Regeln in konkreten Situationen. Hier ist therapeutische Unterstützung erforderlich.

Das Einüben von angemessenem Verhalten in der Gruppe ist ein mehrstufiger Prozess (vgl. *DuPaul* 1994). Zunächst müssen Gruppenregeln und Verhaltensmaßstäbe geklärt werden. Dies ist zwar nicht nur für Kinder mit Aufmerksamkeitsstörungen ein wichtiger Schritt, für diese aber in besonderer Weise. Nicht alle Kinder haben in ihrer Lebenswelt dieselben Regeln gelernt oder haben die Regeln klar vor Augen. Auch sind sie sich selten bewusst, dass Menschen verschiedene Regeln haben können. Daher ist der erste Schritt offenzulegen, welche Verhaltensregeln gelten sollen, und zu klären, wozu sie nützen könnten.

In der Gruppeninteraktion selbst ist die Therapeutin/der Therapeut Modell für konstruktives Verhalten. Die Kinder können die Therapeutin/den Therapeuten bei den Gruppenaktivitäten und bei Rollenspielen beobachten. Später werden sie in die Rollenspiele mit einbezogen. Hier wird die Möglichkeit geboten, verschiedene Verhaltensweisen zu erproben und Rückmeldung über die Wirkung zu bekommen. Es wird darauf geachtet, dass die Kinder ihre eigenen Verhaltensweisen auch in der Wirkung auf andere überdenken und dass sie lernen zu erkennen, welche Alternativen angebracht sind.

3.2.5 Stärkung der Selbstakzeptanz

Die bisher genannten Programme zielen vorwiegend darauf ab, mit den Kindern solche Verhaltensweisen einzuüben, die im schulischen Bereich das Lernen und den Umgang mit den Mitschülerinnen und Mitschülern erleichtern und positiver gestalten sollen. *Krowatschek* (2000b) hat ein Trainingsprogramm veröffentlicht, das bei den Schwierigkeiten der Kinder im Bereich der Persönlichkeitsentwicklung ansetzt. Da die meisten Kinder mit Aufmerksamkeitsstörungen an einem gestörten Selbstwertgefühl leiden und sich nicht realistisch einschätzen können, wurde hier ein Programm zur Förderung der Selbstwahrnehmung und der Selbstakzeptanz entwickelt und erprobt.

Ein Schüler berichtet:
„In der Schule möchte ich nicht lesen. Ich fühle mich schlecht, traurig, bin böse auf mich, zittere und habe Angst."

Befragt nach seinen Gedanken und Gefühlen zu dem Angst auslösenden Ereignis „Vorlesen" sagt er:
„Ich bin unsicher. Ich finde es schrecklich, dass ich jeden Tag eine Geschichte vorlesen muss. Ich bin schlecht im Lesen. Ich kann mich manchmal nicht konzentrieren. Ich kann nicht lesen und schreiben. Ich muss mich gut konzentrieren, damit ich die Wörter gut lese. Ich will keine Sätze vergessen. Die ganze Klasse schimpft mich und mag mich nicht. Hoffentlich zappele ich nicht beim Lesen. Hoffentlich lese ich nicht verkehrt. Die anderen Kinder in der Klasse sollen mich nicht stören."

(Nach *Krowatschek* 2000b, S. 36)

Durch eine Reihe von angeleiteten Übungen in kleinen Gruppen lernen die Kinder, sich selbst wahrzunehmen, ihr Selbstbild zu differenzieren, Stärken und Schwächen zu sehen (und eben nicht nur Schwächen), Talente an sich zu entdecken, Gefühle zu differenzieren.
Anhand eines Stimmungsbarometers lernen sie, sich selbst besser einzuschätzen und entsprechend zu steuern. Sie lernen im Rollenspiel mit der Therapeutin/dem Therapeuten und später auch mit anderen Kindern eine größere Bandbreite von Verhaltensmöglichkeiten auszuprobieren. Beispielsweise können Konfliktsituationen mit mehreren Lösungsmöglichkeiten durchgespielt werden. So können sie die Wirkung von aggressiven Konfliktlösungen und verbalen Konfliktlösungen nebeneinander erleben. Man kann mit ihnen erarbeiten, dass sie verstehen, welche Folgen die einzelnen Möglichkeiten für einen selbst und für die anderen haben. Die Kinder werden damit zur Selbstbeobachtung angeleitet („Beobachte Deine Gefühle", *Krowatschek* 2000b, S. 69 f.) und erwerben ganz konkrete Verhaltenskompetenzen, die sie im Idealfall auch in der Realsituation einsetzen können.

Teil 3: Therapie

Beispiel eines Schülerposters (aus: *Krowatschek* 2000b, S. 57):

3.2.6 Familienzentrierte Maßnahmen

In vielen Fällen ist es sinnvoll, die Einzeltherapie des Kindes durch familienzentrierte Maßnahmen zu ergänzen. Das Verhalten der Kinder mit Aufmerksamkeitsstörungen belastet nicht nur das Kind selbst, sondern auch seine familiäre Umgebung. Der Umgang mit diesen Kindern ist meistens spannungsgeladen und von widersprüchlichen Gefühlen seitens der Eltern begleitet. Viele Eltern entwickeln einerseits Ängste, vor allem machen sie sich Sorgen um die Zukunft ihres Kindes, sie entdecken aber auch negative Gefühle gegenüber ihrem Kind, das ihre Erwartungen nicht erfüllt (vgl. *Skrodzki* 1993). Geschwister sehen oft, dass sich alles um das „Problemkind" dreht, während sie weniger Beachtung finden. Es kommt vor, dass unter diesen Bedingungen Geschwister auch auffällig werden.

Besonders schwierig wird es, wenn es zu gegenseitigen Schuldzuschreibungen kommt. Nicht selten werden die Mütter als die eigentlichen Versager in der Erziehung angesehen und oft genug sagt man es ihnen auch. Die gut gemeinten Ratschläge von Verwandten, Bekannten und Freunden verschärfen das Gefühl, „etwas falsch gemacht zu haben oder erziehungsunfähig zu sein". Ein erneuter Hinweis durch den Therapeuten oder durch Lehrkräfte, dass die Erziehung falsch sei, ist wenig hilfreich. Dagegen können die Eltern gut nachvollziehen, wenn der Therapeut sagt, dass ihr Kind schwer zu erziehen ist und daher die üblichen Erziehungskonzepte nicht ausreichen.

Wenn das Kind im Zusammensein mit einem Elternteil jeweils unterschiedlich reagiert, kann dies zu Spannungen in der Familie führen. Folgendes Beispiel soll dies verdeutlichen: Die Mutter versucht, das Kind ins Bett zu bringen, und es gibt Verzögerungen und Ärger; der Vater schaltet sich ein und das Zubettgehen funktioniert reibungslos. Konflikte zwischen allen Beteiligten sind so vorprogrammiert; konkrete Anlässe für eine Eskalation der Streitigkeiten sind nicht immer offensichtlich.

In vielen Fällen ist eine professionelle Unterstützung für die Familie notwendig. Es müssen die Beziehungen der Familienmitglieder untereinander geklärt und Formen des konstruktiven Umgangs miteinander eingeübt werden (*Döpfner, Frölich & Lehmkuhl* 2000; *Döpfner, Schürmann & Frölich* 1998; *Döpfner, Schürmann & Lehmkuhl* 2000). Ein wichtiger und erfolgreicher Weg wird mit Elterntrainings beschritten. Eltern lernen dabei kontingentes Verhalten in der Art, wie es beispielsweise im „Münchner Elterntraining" (*Innerhofer* 1977) oder bei *Neuhaus* (1996/2000) beschrieben wird.

3.2.7 Psychomotorische und ergotherapeutische Arbeit mit hyperaktiven Kindern

Kinder mit Aufmerksamkeitsstörungen und Hyperaktivität erleben sich selbst als getrieben, ständig auf Touren und rastlos: „Ich kann meinen Motor einfach nicht ausschalten!" (*Schindler* 1993, S. 85). Dabei sind ihre Bewegungsaktivitäten oft ungeschickt, wenig effektiv, eher lärmend und störend und werden entsprechend von der Umwelt abgelehnt und als nervend empfunden. Die Kinder erleben ihren eigenen Misserfolg und die Enttäuschung und Ablehnung durch die anderen. Mit der

Zeit übernehmen sie die negativen Erwartungen und Bewertungen der anderen in das eigene Selbstbild. Sie erwarten schon gar nichts anderes mehr als Misserfolge, gleichgültig, was sie anfangen. Dies kann dazu führen, dass sie zunehmend alle Herausforderung meiden, um nicht wieder einen Fehlschlag zu riskieren.

Es muss im therapeutischen Rahmen daher ein Raum geschaffen werden, in dem es dem Kind ermöglicht wird, neue Erfahrungen zu machen. Das Bedingungsgefüge aus Bewertungen, Schuldzuweisungen, Ablehnung, Aggression, Entmutigung und Isolation ist nicht leicht zu durchbrechen. Daher zielt der Ansatz der Psychomotorik zunächst darauf ab, dem Kind über die Bewegung einen konkret erlebbaren Freiraum anzubieten, in dem es Schritt für Schritt neue Erfahrungen machen bzw. nachholen kann. Im Freiraum des psychomotorischen Übungsfeldes kann das Kind seinen Bewegungsdrang ausleben, ohne dass es sofort zu Bewertungen, Normierungen oder zum Vergleich mit anderen kommen muss (vgl. *Kiphard* 1992). Die Grenzen dieses Freiraums, z. B. in Form von (wenigen und überschaubaren) Spielregeln, werden abgesprochen (einschließlich der Konsequenzen für Regelüberschreitungen) und für alle offengelegt. Diese Regeln werden vom Mototherapeuten konsequent durchgesetzt (vgl. *Schindler* 1993).

In der etwas stärker vorstrukturierten Spielsituation und in der Auseinandersetzung mit den Materialien ist das Kind aufgefordert, sinnvoll zu handeln. Raum-, Geräte- und Spielaufbau bieten Herausforderungen einerseits und Gestaltungsmöglichkeiten andererseits (vgl. *Wendler* 1996; *Zimmer* 1996) und fordern zur Auseinandersetzung mit den eigenen Bewegungsmöglichkeiten, mit den Materialien und der Gruppe der Kinder heraus (vgl. *Augustin* 1995). Im spielerischen Handeln können sich die Kinder erproben, Aufgaben annehmen, die ihnen angemessen sind, und entsprechend Erfolgserlebnisse haben. So können sie im Laufe der Zeit ihr motorisches Geschick, ihre Bewegungssteuerung und Koordination verbessern. Ihr Selbstvertrauen wird gestärkt und die Fähigkeit, sich in eine Gruppe zu integrieren und die eigenen Handlungen mit denen von anderen zu koordinieren, gefördert.

Die psychomotorische Therapie für Kinder mit Aufmerksamkeitsstörungen und Hyperaktivität hat mehrere Zielrichtungen, wobei Freude an Bewegung und Spiel immer im Vordergrund stehen sollten (vgl. *Kiphard* 1993):
– Kanalisieren des Bewegungsbedürfnisses der Kinder,
– Förderung motorischer Fertigkeiten,
– Möglichkeiten, zusätzliche Stimulation zu erleben,
– Förderung der Verhaltensregulation: Einsatz von „Gaspedal und Bremse",
– Entwicklung von Handlungsplanung,
– Raum für Körper- und Selbsterfahrung,
– Förderung der Handlungssteuerung: Anpassung des Verhaltens an verschiedene Materialien,
– Raum für Sozialerfahrung und Aufbau positiver sozialer Beziehungen,
– Förderung des Selbstwertgefühls.

Für den typischen Aufbau einer Übungsstunde schlägt *Schindler* (1993, S. 90) mehrere Phasen vor, die als fester Bezugsrahmen beibehalten werden sollen. In eine psychomotorische Übungsstunde gehören seiner Meinung nach:
- „kurze Begrüßung,
- ausreichend viele und lange Lauf-/Fangspiele …,
- Kiphard-Angebote in eine Rahmengeschichte verpackt: Mondfahrt, Auto-Rallye, Flughafen etc., (*Kiphard* 2001)
- Entspannungssituationen,
- situative Verabschiedung."

Dabei sind die festen Rahmenbedingungen wie Begrüßung und Verabschiedung genauso wichtig wie die offeneren Elemente, in denen die Eigentätigkeit, die Kreativität und die Selbstständigkeit der Kinder gefordert und gefördert werden.
Die Entspannungsphase nach intensivem Spiel soll die Sensibilität der Kinder für die Wahrnehmung und Unterscheidung verschiedener körperlicher Befindlichkeiten und damit auch ihre Fähigkeit zur Regulation des eigenen Körperzustands erhöhen. Innerhalb einer psychomotorischen Übungsstunde werden daher immer wieder Wechsel zwischen körperlicher Belastung und Anspannung und Entspannung angeboten (vgl. auch *Eggert* 1998).
Ein zentrales Ziel der psychomotorischen Übungen ist die Förderung der Körperwahrnehmung. Dafür eignen sich vor allem solche Übungsformen, in denen die Wahrnehmung einzelner Körperteile akzentuiert wird, z. B. bei einer Tennis- oder Igelballmassage. Alle Spiele, bei denen den Kindern mit und ohne zusätzliche Spielmedien in entspanntem Zustand Körpergefühle vermittelt werden, sind hier angebracht. Beim „Pizzabacken" liegen die Kinder entspannt auf dem Bauch. Auf ihren Rücken wünschen sie sich von einem Partner verschiedene Zutaten oder Prozeduren, z. B. den Teig kneten, ausrollen, mit der Gabel anstechen, Tomatenmus verstreichen u. Ä. Diese Tätigkeiten werden dann in unterschiedlichen Massageformen imitiert. Auf diese Weise werden eine starke Stimulation und intensive Wahrnehmung einzelner Körperteile vermittelt. In ähnlicher Weise kann man „Autowaschstraße" mit verschiedenen „Bürsten", „Wetter" mit unterschiedlichen „Formen von Niederschlägen" o. Ä. spielen (vgl. auch *Schindler* 1993).
Für die psychomotorische Arbeit mit Kindern mit Aufmerksamkeitsstörungen eignen sich besonders auch solche Aufgaben, die eine offene Lösung haben. Eine Aufgabe könnte beispielsweise lauten: „Wie viele Möglichkeiten gibt es, auf verschiedenem Untergrund zu gehen?", dann ist die Kreativität, die Freude am Ausprobieren angesprochen. Hierzu gibt es auch keine eigentlich falsche Lösung (Gegenbeispiel: „Wer kann am schnellsten rennen?") und damit sind in gewisser Weise auch Frustrationen zunächst vermieden. Auch offene Bewegungsangebote, z. B. in Form einer „Bewegungsbaustelle" (*Miedzinski* 1983) mit Matten, Schaukeln, Kästen, Tüchern, Reifen und Schläuchen (vgl. *Groschyk* 1996) oder in Form einer „Bewegungslandschaft" in der Turnhalle mit Seilen, Trampolin, Weichbodenmatten und Schwing- und Kletterelementen (vgl. *Göbel, Jarosch & Panten* 1996), zu

denen die Kinder ihre eigene Spielidee entwickeln können, haben sich in der Praxis bewährt.

Durch die Arbeit mit verschiedenen Materialien, die einerseits einen hohen Aufforderungscharakter haben und die Neugierde des Kindes ansprechen, andererseits auch jeweils durch ihre spezifischen Eigenschaften eine Anpassung des Kindes erfordern, können ganz ähnliche Effekte erzielt werden. So wird vorgeschlagen, mit Zeitungen, mit Luftballons, mit Bällen verschiedener Art, z. B. auch mit Zeitlupenbällen, zu arbeiten. Die spielerische Auseinandersetzung mit diesen Materialien erfordert von den Kindern kreative Problemlösungen und die Differenzierung des Bewegungsverhaltens. Die Aufgaben und Materialien haben in der Regel einen hohen Aufforderungscharakter und sprechen die Kinder recht schnell an, sodass sie in dieser Situation noch am ehesten in der Lage sind, ihre Rückzugs- und Vermeidungsstrategien aufzugeben und sich wieder trauen, neue Bewegungsmöglichkeiten auszuprobieren (*Skrodzki* 2001).

Neben den aktiven Bewegungsspielen sind auch solche Arrangements wichtig, die die Kinder vestibulär stimulieren, z. B. Schaukeln, Schwingen, Rollen, Drehen. Rollbretter sind gut geeignet, weil sie flexibel einsetzbar sind. Oft gelingt es, während der Phasen dieser vestibulären Stimulation die Kinder in einer Phase der Entspannung zu halten (vgl. *Eggert* 1998; *Schindler* 1993).

Neben den „klassischen" Formen der psychomotorischen Therapie haben sich weitere Angebote entwickelt. So wurde beispielsweise das Reiten unter mototherapeutischem Aspekt neu interpretiert. Der Umgang mit dem Pferd, die Spannung zwischen der Faszination der Bewegung und der Notwendigkeit, sich auf das Tier einzustellen und eine Feinabstimmung in der Bewegung zu erreichen, hat sich in der Arbeit mit aufmerksamkeitsgestörten Kindern als ein Erfolg versprechender Ansatz erwiesen. Der sensible Umgang mit dem Pferd stellt eine große Herausforderung für die Kinder dar. Die mototherapeutischen Arbeitsprinzipien müssen auch hier umgesetzt werden. Insbesondere werden die therapeutischen Fähigkeiten im Umgang mit schwierigen oder konflikthaften Situationen und bei der Bewältigung von einzelnen Lernschritten erforderlich sein (vgl. *Deppisch* 1996).

Aufgabe der Betreuerin bzw. des Betreuers der psychomotorischen Übungsstunde ist es, den erforderlichen und angemessenen Bewegungsraum zur Verfügung zu stellen und während des Spiels auf die Einhaltung der vereinbarten Regeln zu achten, jedoch möglichst wenig regulierend oder mit Anweisungen einzugreifen. Der psychomotorische Raum soll den Kindern die Erfahrung vermitteln, dass sie dort, so wie sie sind, mit ihren Möglichkeiten agieren dürfen. Übermäßige Bewegung wird nicht bestraft, Verbote und Ausgrenzungen werden vermieden.

Schindler (1993) betont, dass ein Verhältnis gegenseitigen Vertrauens und gegenseitiger Wertschätzung von grundlegender Bedeutung ist, gerade im Gegensatz zur Alltagserfahrung des Kindes, das allzu oft Ablehnung, Misstrauen und Isolation erlebt. Die Mototherapeuten setzen sich als Person mit dem Kind auseinander und versuchen, seine Reaktionen und sein Erleben zu verstehen und mit ihm darüber in einen Austausch zu kommen, sei es verbal oder im Spiel.

Allerdings darf man keine kurzfristigen „Erfolge" im Sinne von angepasstem Verhalten des Kindes erwarten. Ganz abgesehen davon, dass dies ohnehin kein unmittelbares Ziel der psychomotorischen Übungsbehandlung sein kann, ist immer zu bedenken, dass Erleben und Verhalten in der psychomotorischen Übungsstunde nicht selbstverständlich auf eine beliebige, konkrete Alltagssituation übertragen werden können. In realen Situationen ist das Kind stets in eine ganze Reihe von Bezügen eingebunden, die sein Verhalten mitbestimmen. Daher schlägt *Schindler* (1993) auch vor, konsequent die wesentlichen Bezugspersonen des Kindes in die therapeutischen Bemühungen mit einzubeziehen.

Die Effekte psychomotorischer Therapie sind auch selten so spezifisch, dass man im Einzelnen vorhersagen könnte, welche Verhaltensweisen sich damit konkret verbessern werden. Es ist eher eine Summe von unspezifischen Wirkungen zu erwarten, die sich letztlich eher langfristig gesehen auf das Allgemeinbefinden des Kindes, seine persönliche und soziale Kompetenz auswirken.

Neben der Psychomotorik wird hyperaktiven Kindern häufig eine Ergotherapie (Beschäftigungstherapie, u. a. die Sonderform „Sensorische Integration" nach *Jean Ayres*) angeboten. Bei aufmerksamkeitsgestörten, hyperaktiven Kindern werden in der Regel eine Vielzahl von Wahrnehmungsstörungen festgestellt. Auf der Grundlage einer differenzierten Befunderhebung wird versucht, die basale Wahrnehmungsfähigkeit der Kinder, z. B. Körperwahrnehmung, Raumlagewahrnehmung, Tiefensensibilität zu stimulieren und zu verbessern und in Folge davon z. B. auch die Feinmotorik. Mithilfe verschiedener schwächerer und stärkerer Reize (Hautreize durch Bürsten, Gleichgewichtsreize durch Schaukeln usw.) entwickelt bzw. verbessert sich beim Kind die Körperwahrnehmung, es wird ruhiger, kann sich länger konzentrieren und ausdauernder arbeiten. Vorschul- und Grundschulkinder mögen diese Therapiestunden und profitieren davon.

3.2.8 Therapeutische Sonderformen

Das Bedürfnis nach professioneller Hilfe ist bei Eltern und Lehrkräften von Kindern mit Aufmerksamkeitsstörungen besonders hoch, weil die Belastungen in alle Bereiche des Alltags und der kindlichen Entwicklung hineinreichen. Auf dem Psychotherapiemarkt ist das Angebot an Hilfsmaßnahmen breit und es gibt wenig konkrete Hinweise auf die Zuverlässigkeit und die Qualität von Therapieangeboten. Vielversprechende Therapieangebote werden beispielsweise unter den Überschriften „Neurolinguistisches Programmieren (NLP)", „Suggestopädie" oder „Edukinesiologie" gemacht. Einige der Übungen aus diesen Programmen scheinen den Bedürfnissen der aufmerksamkeitsgestörten Kinder auch entgegenzukommen.

Bislang gibt es jedoch keine kontrollierten Studien, die die Wirksamkeit von Methoden wie Edukinesiologie (vgl. *Theis-Scholz & Thümmel* 1995; *Breitenbach & Ebert* 1997), NLP (vgl. *Meidinger* 1995) oder Suggestopädie belegen. Die immer wieder versprochene Komplettlösung von Problemen kann keine der genannten Methoden leisten. Zum Teil ist auch gar nicht klar, wodurch die beschriebenen Effekte ausgelöst werden. Manchmal scheinen allein Zuwendung und Beachtung, die ein Kind plötzlich durch die Therapie erfährt, bereits vorübergehend zu positiven Veränderungen im Verhalten führen. Diese Verhaltensänderung wäre dann nicht auf eine bestimmte Arbeitsweise zurückzuführen, sondern ganz allgemein auf die intensivierte Beziehung.

Nicht nur die Therapiewirkung dieser Methoden ist fraglich. Die Gültigkeit und die Zuverlässigkeit der diagnostischen Verfahren sind bei den genannten Methoden wissenschaftlich nicht haltbar. Allen Methoden, die einfache Ursache-Wirkung-Zusammenhänge behaupten und eindimensionale Lösungen versprechen, ist daher mit Skepsis zu begegnen.

Eine weitere Therapieform, die Eltern häufig empfohlen wird, ist die Festhaltetherapie. Das Festhalten wird in den USA als Autismus-Therapie angewendet. In Deutschland propagiert *Prekop* (*Prekop & Schweizer* 1994) bei verschiedenen Verhaltensstörungen das Halten inzwischen als „Lebensform". Das Kind wird bei dieser Therapie so lang in enger Umarmung (auch bei heftiger Gegenwehr) gehalten, bis es den Widerstand aufgibt. Als Grundidee steht dahinter, dass Kinder in der heutigen Gesellschaft zu wenig Grenzen und Halt finden, und Eltern in ihrem Erziehungsverhalten zu unsicher sind. Solange Eltern ihr hyperaktives Kind in gefährlichen Situationen festhalten, ist das sinnvoll, wird dagegen das Halten nach zeitlichem Plan – etwa täglich mehrmals für eine Stunde – eingesetzt, um das Kind gefügig zu machen, dann ist das bedenklich. Es handelt sich in diesem Falle dann nicht mehr um Liebe und Erziehung, sondern um Gewalt unter therapeutischem Deckmantel.

Literatur zu Teil 3

Augustin, A. (1995). Ergotherapie bei hyperaktiven Kindern. In U. Franke (Hrsg.), Therapie aggressiver und hyperaktiver Kinder (S. 49–77). Stuttgart: Gustav Fischer.
Ayres, A. J. (1984). Bausteine der kindlichen Entwicklung. Berlin: Springer.
Baerlocher, K. & Jelinek, J. (1991). Ernährung und Verhalten. Stuttgart: Thieme.
Barkley, R. A. (1997). ADHD and the nature of self-control. New York: The Guilford Press.
Barkley, R. A. (1998). Attention-Deficit Hyperactivity Disorder – A Handbook for Diagnosis and Treatment. New York: The Guilford Press.
Barkley, R. A. (2000). Genetics of childhood disorders: XVII. ADHD, Part 1: The executive functions and ADHD. Journal of the American Academy of Child an Adolescent Psychiatry, 39 (8), 1064–68.
Beke, A. (2000). Hyperaktivität, Aufmerksamkeitsdefizit und Lernbehinderung bei ehemaligen Frühgeborenen während der ersten Schuljahre. In Skrodzki, K. & Mertens, K. (Hrsg.), Hyperaktivität – Aufmerksamkeitsstörung oder Kreativitätszeichen? (Seite 75–88). Dortmund: Borgmann.
Biedermann, J., Wilens, T., Mick, E., Spencer, T. & Faraone, S. V. (1999). Pharmacotherapy of attentiondeficit/hyperactivity disorder reduces risk for substance use disorder. Pediatrics, 104(2), e20.
Breitenbach, E. & Ebert, H. (1997). Edu-Kinestetik aus empirischer Sicht. Sonderpädagogik, 36, 53–67.
Bundesverband der Elterninitiativen zur Förderung Hyperaktiver Kinder (1996). Unser Kind ist hyperaktiv! Was nun? Forchheim: Selbstverlag.
Bundesverband der Elterninitiativen zur Förderung Hyperaktiver Kinder (1997). Aufmerksamkeitsdefizitsyndrom aus medizinischer Sicht. Forchheim: Selbstverlag.
Cantwell, D. P. (1972). Psychiatric illness in the families of hyperactive children. Archives of General Psychiatry, 27, 414–417.

Castellanos, F. X. (1997). Toward a Pathophysiology of Attention-Deficit/Hyperactivity Disorder. Clinical Pediatrics, July, 381–393.
Churchill, W. S. (1953). Meine frühen Jahre. In: Nobelpreise für Literatur. Zürich: Coron.
Deppisch, J. (1996). Das Pferd als Medium mototherapeutischer Intervention für hyperaktive Kinder. In M. Passolt (Hrsg.), Mototherapeutische Arbeit mit hyperaktiven Kindern (S. 167–193). München: Reinhardt.
Diagnostic and Statistic Manual DSM-IV (1994). Deutsche Bearbeitung. Göttingen: Hogrefe.
Döpfner, M. (1998). Hyperkinetische Störungen. In F. Petermann (Hrsg.), Lehrbuch der klinischen Kinderpsychologie (S. 165–217). Göttingen: Hogrefe.
Döpfner, M., Schürmann, S. & Frölich, J. (1998). Therapieprogramm für Kinder mit hyperkinetischem und oppositionellem Problemverhalten THOP. Weinheim: Psychologie Verlagsunion.
Döpfner, M., Frölich, J. & Lehmkuhl, G. (2000). Ratgeber hyperkinetische Störungen. Göttingen: Hogrefe.
Döpfner, M., Schürmann, S. & Lehmkuhl, G. (2000). Wackelpeter und Trotzkopf. Weinheim: Beltz.
Douglas, V. (1972). Stop, look and listen: The problem of sustained attention and impulse control in hyperactive and normal children. Canadian Journal of Behavioral Sciences, 4, 259–282.
DuPaul, G. (1994). ADHD in the schools: Assessment and intervention strategies. New York: The Guilford Press.
Egger, J. (1991). Das Hyperkinetische Syndrom. Zeitschrift f. Allergologie, 7, 263–268.
Eggert, D. (1998). Theorie und Praxis der psychomotorischen Förderung. Dortmund: borgmann.
Feingold, B. (1975). Why your child is hyperactive? New York: Random House.
Göbel, H., Jarosch, B. & Panten, D. (1996). Die Bewegungslandschaft – ein Beispiel für psychomotorische Therapie bei bewegungsunruhigen und aufmerksamkeitsgestörten Kindern. In M. Passolt (Hrsg.), Mototherapeutische Arbeit mit hyperaktiven Kindern (S. 153–166). München: Reinhardt.
Groschyk, A. (1996). Die Bewegungsbaustelle – Gestaltung und Wirkung frei zugänglicher Bewegungsangebote für hyperaktive Kinder. In M. Passolt (Hrsg.), Mototherapeutische Arbeit mit hyperaktiven Kindern (S. 143–152). München: Reinhardt.
Hafer, F. (1986). Die heimliche Droge. Nahrungsphosphat. Heidelberg: Kriminalistik Verlag.
Hallowell, E. & Ratey, J. (2000). Zwanghaft zerstreut. Reinbek: rororo.
Imhof, M. & Meyerhöfer, S. (1995). Verfahren zur Beobachtung von hyperaktiven Kindern im Unterricht. Kindheit und Entwicklung, 4, 167–170.
Innerhofer, P. (1977). Das Münchner Trainingsmodell: Beobachtung, Interaktionsanalyse, Verhaltensänderung. Berlin: Springer.
Kiphard, E. J. (1979). Psychomotorik als Prävention und Rehabilitation. Bewegungshilfen für Kinder. Gütersloh: Flöttman Verlag.
Kiphard, E. J. (1992). Überaktives Bewegungsverhalten bei Kindern. In R. Zimmer & H. Cicurs (Hrsg.), Kinder brauchen Bewegung. Brauchen Kinder Sport? Aachen: Meyer & Meyer.
Kiphard, E. J. (1993). Das hyperaktive Kind aus psychomotorischer Sicht. In Passolt (Hrsg.), Hyperaktive Kinder: Psychomotorische Therapie (S. 64–84). München: Reinhardt.
Kiphard, E.-J. (2001). Alternative Kunstfertigkeiten als Hilfen für den Zappelphilipp – Kinder in der Rolle des Jongleurs, Zauberers oder Clowns. In Skrodzki, K. & Mertens, K., Praxis Interdisziplinär in der Arbeit mit Hyperaktiven Kindern und Jugendlichen (Seite 59–72). Bundesverband Aufmerksamkeitsstörung – Hyperaktivität e. V., Forchheim.
Krause, J. (1998). Leben mit hyperaktiven Kindern. Forchheim: Bundesverband der Elterninitiativen zur Förderung hyperaktiver Kinder, Selbstverlag.
Krause, K-H., Krause, J. & Trott, G. E. (1998). Das Hyperkinetische Syndrom (Aufmerksamkeitsdefizit-/Hyperaktivitätsstörung) des Erwachsenenalters. Der Nervenarzt 7, 543–556.
Krowatschek, D. (2000b). Überaktive Kinder im Unterricht. Dortmund: borgmann.
Lauth, G. W. & Schlottke, P. F. (1997). Training mit aufmerksamkeitsgestörten Kindern. Weinheim: Psychologie Verlagsunion.
Leitlinie der AG ADHS der Kinder- und Jugendärzte: www.ag-adhs.de
Leitlinie der Kinder- und Jugendpsychiater: www.uni-duesseldorf.de/WWW/AWMF/ll/ll_kjpp.htm

Lou, H. C., Henriksen, L. & Bruhn, P. (1989). Stratal Dysfunction in Attention and Hyperactivity Disorder. Archives of Neurology, 46, 48–53.
Meidinger, H. (1995). Kinesiologie – Eine neue Therapieform in der Schule? Report Psychologie, 20 (10), 16–22.
Miedzinski, K. (1983). Die Bewegungsbaustelle. Dortmund: Modernes Lernen.
Miedzinski, K. (1998). Ak'M als Schmelztiegel für neue Materialien – Tipps, Anregungen für die Praxis. Zeitschrift Motorik, 21, 103–105.
Neuhaus, C. (1993). Was ist dran am sogenannten Zappelphilipp? Gezielte Interventionsmöglichkeiten in Familie und Schule. Ein Elterntraining. In M. Passolt (Hrsg.), Hyperaktive Kinder: Psychomotorische Therapie (S. 118–143). München: Reinhardt.
Neuhaus, C. (1996). Das hyperaktive Kind und seine Probleme. Ravensburg: Ravensburger Verlag.
Neuhaus, C. (2000). Hyperaktive Jugendliche und ihre Probleme. Ravensburg: Ravensburger Verlag.
Prekop, I. & Schweizer, C. (1994). Unruhige Kinder. München: Kösel.
Rapoport, J. L., Pandoni, C., Renfield, M. et al. (1977). Newborn dopamine-beta-Hydroxylase, minor physical anomalies, and infant temperament. American Journal of Psychiatry, 134, 676–679.
Schindler, J. (1993). „Ich kann meinen Motor einfach nicht ausschalten!" Hyperaktive Kinder verstehen lernen im psychomotorischen Spiel. In M. Passolt (Hrsg.), Hyperaktive Kinder: Psychomotorische Therapie (S. 85–95). München: Reinhardt.
Schulze, U. & Trott, G. E. (1995/96). Perinatale Komplikationen bei Kindern mit Hyperkinetischem Syndrom. Pädiatrische Praxis 50, 383–393.
Skrodzki, K. (1993). Langzeitbeobachtung bei Kindern mit Hyperkinetischem Syndrom und Alltagsmanagement ihrer Probleme. In M. Passolt (Hrsg.), Hyperaktive Kinder: Psychomotorische Therapie (S. 144–167). München: Reinhardt.
Skrodzki, K. (2001). ADHS – Bewegung und Bewegungsförderung. Praxis der Psychomotorik, Herbst.
Skrodzki, K. & Mertens, K. (2000). Hyperaktivität – Aufmerksamkeitsstörung oder Kreativitätszeichen? Dortmund: Borgmann.
Skrodzki, K. & Mertens, K. (2001). Praxis Interdisziplinär in der Arbeit mit Hyperaktiven Kindern. Bundesverband Aufmerksamkeitsstörung – Hyperaktivität e. V., Forchheim.
Smith, L. (1975). Your child's behavior chemistry. New York: Random House.
Stevenson, J., Pennington, B. F., Gilger, J. W. (1993). Hyperactivity and spelling disability: testing for shared genetic aetiology. Journal of Child Psychology and Psychiatry, 34, 1137–1152.
Swanson, J. M. et al. (1998). Association of the dopamine receptor D4 (DRD4) gene with a refined phenotype of attention deficit hyperactivity disorder (ADHD): a family-based approach. Molecular Psychiatry Vol. 3, No. 1 pp. 38–41.
Tannock, R. (1998). Attention Deficit Hyperactivity Disorder: Advances in cognitive, neurobiological and genetic research. Journal of Child Psychology and Psychiatry, 39, 65–70.
Teumer, J. (2000). Sprache und Sprechen bei hyperkinetischen Kindern – unter besonderer Betrachtung der Redestörung Poltern. In Skrodzki, K. & Mertens, K. (Hrsg.), Hyperaktivität – Aufmerksamkeitsstörung oder Kreativitätszeichen? (S. 311–332) Dortmund: Borgmann.
Theis-Scholz, M. & Thümmel, I. (1995). Wundertüte oder Mogelpackung? Das Neurolinguistische Programmieren in der Schule. Zeitschrift für Heilpädagogik, 46, 485–489.
Wagner, I. (1990). Aufmerksamkeitstraining mit impulsiven Kindern (4. Auflage). Eschborn: Dietmar Klotz. (1. Auflage: 1976).
Wendler, M. (1996). Die Bedeutung des Raumes im therapeutischen Prozeß. In M. Passolt (Hrsg.), Mototherapeutische Arbeit mit hyperaktiven Kindern (S. 45–56). München: Reinhardt.
World Health Organisation (1993). ICD-10.
Zametkin, A. J., et al. (1990). Cerebral glucose metabolism in adults with hyperactivity of childhood onset. New England Journal of Medicine, 323, 1361–1366.
Zametkin, A. J. et al. (1998). The Neurobiology of ADHD. Journal of Clinical Psychiaty, 59 (suppl. 7), 17–23.
Zimmer, R. (1996). Die Bedeutung des Selbstkonzeptes für die Entwicklung hyperaktiver Kinder. In M. Passolt (Hrsg.), Mototherapeutische Arbeit mit hyperaktiven Kindern (S. 29–44). München: Reinhardt.

Anhang 1:
Beobachtungs- und Fragebogen

Fragebogen für Lehrerinnen und Lehrer nach Conners (1973) überarbeitet von Skrodzki (1995)

Sehr geehrte Lehrerin! Sehr geehrter Lehrer!

Die Eltern dieser Schülerin/dieses Schülers überreichen Ihnen hiermit einen Fragebogen, weil es Schwierigkeiten bei ihrem Kind gibt. Für die Einschätzung der Probleme in der Schule brauchen wir Ihre Hilfe. Bitte füllen Sie den Bogen sorgfältig aus. Dankbar sind wir für zusätzliche Informationen, differenzierte Beobachtungen und Anmerkungen. Für telefonische Rückfragen stehen wir gern zur Verfügung.

Name der Schülerin/des Schülers: _____

Datum: _____ Schule: _____ Klasse: _____

Name der Lehrerin/des Lehrers: _____

– Wie lange kennen Sie die Schülerin/den Schüler? _____

– In welchen Fächern unterrichten Sie sie/ihn? _____

– In welchen Situationen zeigen sich die Verhaltensschwierigkeiten besonders? _____

– Wie sind die Leistungen? Bitte tragen Sie die Fächer und die Noten ein (soweit Noten erteilt werden).

Fach	Note	Fach	Note
	1 2 3 4 5 6		1 2 3 4 5 6
	1 2 3 4 5 6		1 2 3 4 5 6
	1 2 3 4 5 6		1 2 3 4 5 6

Anhang 1: Beobachtungs- und Fragebogen

Bei den folgenden, beschreibenden Begriffen kreuzen Sie bitte die Antwort an, die dem Verhalten der Schülerin/des Schülers am nächsten kommt.

Folgende Aussage trifft zu:	0	1	2	3	In welchen Situationen?
1. unaufmerksam, leicht abgelenkt					
2. bringt angefangene Dinge nicht zu Ende					
3. Tagträumen					
4. ständig zappelig, ruhelos, überaktiv					
5. summt vor sich hin, macht ständig Geräusche, redet dauernd					
6. erregbar, impulsiv					
7. Wutausbrüche, unvorhersehbares Verhalten					
8. schneller, ausgeprägter Stimmungswechsel					
9. weint oft und leicht					
10. Forderungen muss sofort entsprochen werden, schnell frustriert					
11. wirkt verdrossen, bockig, missmutig					
12. lügt häufig					
13. stört, neckt, ärgert andere Kinder					
14. isoliert sich von anderen Kindern					
15. von der Gruppe wenig akzeptiert					
16. lässt sich leicht beeinflussen					
17. kein Gefühl für Fairplay					
18. unkooperativ, stur					
19. Verhalten: unpassender als das von Gleichaltrigen					
20. übermäßige Beanspruchung der Aufmerksamkeit der Lehrkraft					

0 = überhaupt nicht, 1 = ein wenig, 2 = ziemlich stark, 3 = sehr stark

Welche Maßnahmen haben Sie schon ausprobiert?
_____
_____
_____

Worauf hat die Schülerin/der Schüler angesprochen?
_____
_____
_____

In welchen Situationen ist das Kind unauffällig?
_____
_____
_____

Welche positiven Verhaltensweisen und Eigenschaften können Sie beschreiben?
_____
_____
_____
_____
_____

Bitte füllen Sie den Bogen innerhalb der nächsten 3 Wochen aus. Danach bitte den Eltern mitgeben oder direkt an meine Praxis zurückschicken. Vielen Dank für Ihre Mühe!

_____
Datum, Unterschrift

Anhang 2

Tabelle 1: Symptom-Kriterien der hyperkinetischen Störung nach ICD-10 (Forschungskriterien) und der Aufmerksamkeitsdefizit-/Hyperaktivitätsstörung nach DSM-IV

A) Unaufmerksamkeit:

1. Beachtet häufig Einzelheiten nicht oder macht Flüchtigkeitsfehler bei den Schularbeiten, bei der Arbeit oder bei anderen Tätigkeiten.

2. Hat oft Schwierigkeiten, längere Zeit die Aufmerksamkeit bei Aufgaben oder Spielen aufrechtzuerhalten.

3. Scheint häufig nicht zuzuhören, wenn andere ihn ansprechen.

4. Führt häufig Anweisungen anderer nicht vollständig durch und kann Schularbeiten, andere Arbeiten oder Pflichten am Arbeitsplatz nicht zu Ende bringen (nicht aufgrund von oppositionellem Verhalten oder Verständnisschwierigkeiten).

5. Hat häufig Schwierigkeiten, Aufgaben und Aktivitäten zu organisieren.

6. Vermeidet häufig, hat eine Abneigung gegen oder beschäftigt sich häufig nur widerwillig mit Aufgaben, die länger andauernde geistige Anstrengungen erfordern (wie Mitarbeit im Unterricht oder Hausaufgaben).

7. Verliert häufig Gegenstände, die er/sie für Aufgaben oder Aktivitäten benötigt (z. B. Spielsachen, Hausaufgabenhefte, Stifte, Bücher oder Werkzeug).

8. Lässt sich oft durch äußere Reize leicht ablenken.

9. Ist bei Alltagstätigkeiten häufig vergesslich.

B) Hyperaktivität:

1. Zappelt häufig mit Händen und Füßen oder rutscht auf dem Stuhl herum.

2. Steht (häufig) in der Klasse oder in anderen Situationen auf, in denen Sitzenbleiben erwartet wird.

3. Läuft häufig herum oder klettert exzessiv in Situationen, in denen dies unpassend ist (bei Jugendlichen oder Erwachsenen kann dies auf ein subjektives Unruhegefühl beschränkt bleiben).

4. Hat häufig Schwierigkeiten, ruhig zu spielen oder sich mit Freizeitaktivitäten ruhig zu beschäftigen.

5. {Ist häufig „auf Achse" oder handelt oftmals, als wäre er „getrieben".}* [Zeigt ein anhaltendes Muster exzessiver motorischer Aktivität, das durch die soziale Umgebung oder durch Aufforderungen nicht durchgreifend beeinflussbar ist.]*

C) Impulsivität:

1. Platzt häufig mit der Antwort heraus, bevor die Frage zu Ende gestellt ist.

2. Kann häufig nur schwer warten, bis er/sie an der Reihe ist [bei Spielen oder in Gruppensituationen].

3. Unterbricht und stört andere häufig (platzt z. B. in Gespräche oder in Spiele anderer hinein).

4. Redet häufig übermäßig viel [ohne angemessen auf soziale Beschränkungen zu reagieren]. *{Im DSM-IV unter Hyperaktivität subsumiert.}*

* { } = nur DSM-IV; [ ] = nur ICD-10

Aus *Döpfner* 1998, S. 5

Anhang 3:
Selbstbeobachtungsbogen *Imhof* nach *DuPaul* (1994)

Selbstbeobachtungsbogen für Kinder

Name: _____ Klasse: _____ Datum: _____

Mache einen Kreis um das Gesicht, das deiner Meinung nach am besten zu dem Gefühl passt, das du zu der Frage hast:

☺ = super   ☺ = ganz gut   😐 = teils-teils   ☹ = nicht so gut

1. Ich konnte heute still sitzen bleiben. ☺ ☺ 😐 ☹
2. Ich konnte ohne Probleme auf meinem Platz bleiben. ☺ ☺ 😐 ☹
3. Ich konnte mich auf eine Sache konzentrieren, ohne mich ablenken zu lassen. ☺ ☺ 😐 ☹
4. Ich konnte abwarten, bis ich dran war. ☺ ☺ 😐 ☹
5. Ich habe gewartet, bis ich aufgerufen worden bin. ☺ ☺ 😐 ☹
6. Mir fiel es nicht schwer, mich auf meine Aufgaben zu konzentrieren. ☺ ☺ 😐 ☹
7. Ich habe heute nicht so viel geschwätzt. ☺ ☺ 😐 ☹
8. Ich konnte den anderen gut zuhören, wenn sie etwas sagten. ☺ ☺ 😐 ☹
9. Ich hatte heute alle Sachen dabei, die ich brauchte. ☺ ☺ 😐 ☹
10. Mir fiel es nicht schwer, das zu tun, was der Lehrer/die Lehrerin von uns wollte. ☺ ☺ 😐 ☹
11. Ich habe heute bei den Aufgaben schnell den Anfang gefunden. ☺ ☺ 😐 ☹
12. Ich habe heute gut auf mich aufgepasst. ☺ ☺ 😐 ☹
13. Ich habe es geschafft, andere nicht zu unterbrechen, wenn sie dran waren. ☺ ☺ 😐 ☹

Anhang 4:
Kommentierte Literaturliste

Czerwenka, Kurt (Hrsg.). (1994). Das hyperaktive Kind. Weinheim: Beltz.
Dieser Band bietet Lehrern, Erziehern und Eltern konkrete Anleitung zur Bewältigung der Aufmerksamkeitsstörung. Es werden fachspezifische, sehr konkrete didaktische Hinweise gegeben, die auf die besonderen Bedürfnisse der hyperaktiven Kinder Rücksicht nehmen. Die Möglichkeiten (und ggf. auch die Notwendigkeit) einer kombinierten Intervention (medikamentöse, pädagogische und psychologische Maßnahmen) werden aufgezeigt.

Döpfner, M., Frölich, J. & Lehmkuhl, G. (2000). Ratgeber hyperkinetische Störungen. Göttingen: Hogrefe.
In knapper Form gibt dieser Ratgeber für die Hand von Eltern, Betroffenen und anderen Bezugspersonen, z. B. Lehrern und Lehrerinnnen, Hinweise über Symptome, Ursachen und Behandlungsmöglichkeiten von hyperkinetischen Störungen. Dieser Ratgeber kann als eine erste Orientierung zum Problem dienen. Es werden aus psychologischer Sicht praktische Hinweise zum Umgang mit der Störung im Alltag gegeben.

Döpfner, M., Schürmann, S. & Frölich, J. (1998). Therapieprogramm für Kinder mit hyperkinetischem und oppositionellem Problemverhalten THOP. Weinheim: Beltz Verlagsunion, (2. Auflage).
Das zur Zeit wohl umfassendste Werk ist zwar in erster Linie für Therapeuten geschrieben, kann aber für Schulen, die viel mit aufmerksamkeitsgestörten Kindern zu tun haben, wertvolle Hinweise geben. Im ersten Teil (Grundlagen) werden die Symptome des Krankheitsbildes, die diagnostische Einordnung, Verlauf und Auswirkung auf das Umfeld des Kindes beschrieben. Darüber hinaus gibt es einen Überblick über Therapiemöglichkeiten und einen Ausblick auf den neuesten Stand der Forschung. Die Notwendigkeit einer Intervention auf verschiedenen Ebenen wird als unabdingbar dargestellt. Dieser für Lehrkräfte fachfremde Teil ist gut verständlich geschrieben und die Übersichtlichkeit wird durch Schaubilder, Diagramme und farbliche Markierungen unterstützt.
Der zweite Teil über Diagnostik und Verlaufskontrolle ist ausführlich und bietet einen Fundus an Möglichkeiten, den Beziehungsstörungen auf die Spur zu kommen.
Die Kapitel „Planung und Durchführung von Interventionen", „Eltern-Kind-Programm" und „Durchführungsanleitung" sind zwar speziell für Therapeuten gedacht, hier findet man dennoch wichtige Hilfen für die unterrichtliche Tätigkeit und den Umgang mit hyperaktiven Kindern. Eine wahre Fundgrube bietet dieser Teil für all diejenigen, die intensiv in die Elternarbeit einsteigen wollen.
Im Anhang (Wackelpeter) beschreibt ein hyperaktiver Junge, wie er sich fühlt, was andere über ihn und zu ihm sagen, wie veränderte Erziehungsmaßnahmen auf ihn wirken und was sie auslösen. Diese authentischen Berichte wecken Verständnis für die Kinder und lassen Sinn und Zweck der getroffenen Maßnahmen transparent werden.

Döpfner, M., Schürmann, S. & Lehmkuhl, G. (2000). Wackelpeter und Trotzkopf. Weinheim: Beltz.
Begleitbuch für das von dem Autorenteam veröffentlichte Therapieprogramm. In diesem Band wird versucht, Eltern und Betroffene darin zu unterstützen, die eigenen Verhaltensweisen und Bedürfnisse besser zu verstehen. Es wird versucht, Verständnis zu wecken für das Erleben und Verhalten der Betroffenen, aber auch ihrer Bezugspersonen, vor allem Eltern und Geschwister. Am Beispiel von konkreten Erziehungs- und/oder Konfliktsituationen aus dem Alltag werden die Prinzipien der psychologischen Intervention praxisnah illustriert, sodass es dem Leser/der Leserin nicht allzu schwer fallen dürfte, die Vorschläge auf die eigene Situation zu beziehen. Dennoch ist das Buch nicht zuerst als Hilfe zur Selbsthilfe gedacht, sondern wird denjenigen Eltern empfohlen, deren Kind bereits wegen der Hyperaktivität in therapeutischer Behandlung

ist. Es bietet vielfältige Anregung zum Überdenken der eigenen Situation, der eigenen Problemlösekompetenzen und des eigenen Erzieherverhaltens und möglicher Entwicklungsrichtungen.

Eggert, Dietrich (1998). Theorie und Praxis der psychomotorischen Förderung. Dortmund: borgmann.
Psychomotorische Interventionen werden theoretisch begründet und Anleitungen zum praktischen Arbeiten gegeben. Eine Reihe von konkreten Vorschlägen, die auch im Unterricht eingesetzt werden können, werden vorgestellt. Viele der Übungen sind zunächst wenig bereichsspezifisch angelegt, bieten sich aber zur Anpassung an die Problematik an (z. B. Üben von „Genauhinsehen" oder „Genauhinhören", Übungen zur Körperkoordination und zur Dosierung von Krafteinsatz: „Gaspedal und Bremse").

Krowatschek, Dieter (2000). Das Marburger Konzentrationstraining. Dortmund: borgmann.
Krowatschek stellt ein Konzentrationstraining vor, mithilfe dessen verschiedene Aspekte konzentrierten Verhaltens (Selektion, Differenzierungsfähigkeit, Konzentrationsspanne) aufgebaut werden sollen. Im Rahmen dieses Konzentrationstrainings werden auch Entspannungsübungen vermittelt, die die einzelnen Sitzungen begleiten. Das Training zielt vor allem auf Reaktionsverzögerung und differenzierte Wahrnehmungsförderung ab. Durch positive Verstärkung und das Lernen am Modell des Gruppenleiters sollen die Kinder ihre Konzentrationsfähigkeit aufbauen und lernen, ihre Konzentration selbst zu steuern. Der Text enthält konkrete Arbeitsanweisungen für die Durchführung, einschließlich einer großen Zahl von Kopiervorlagen.

Krowatschek, Dieter (2000). Überaktive Kinder im Unterricht. Dortmund: borgmann.
Dieses Übungsprogramm zum Einsatz in der Schule und in therapeutischen Gruppen hat zum Ziel, die emotionale Stabilität und das Selbstwertgefühl der aufmerksamkeitsgestörten, überaktiven Kinder aufzubauen und zu stützen. Die Kinder sollen lernen, ihre Gefühlswelt differenziert wahrzunehmen, sich und andere zu akzeptieren, angemessene Reaktionsmöglichkeiten auf emotionale Stressfaktoren zu erfahren und einzuüben. Die Kinder sollen sich selbst wertschätzen lernen und mit ihren Ängsten und dem Gefühl des Andersseins fertig werden. Der Text enthält genaue Anleitungen für den Therapeuten, einschließlich Kopiervorlagen für Übungen und Gesprächsanlässe.

Lauth, Gerhard & Schlottke, Peter (1997). Training mit aufmerksamkeitsgestörten Kindern. Weinheim: Psychologie Verlagsunion, 3., überarbeitete Auflage.
Lauth und Schlottke beschreiben das Erscheinungsbild der Aufmerksamkeitsstörung im Kindesalter, stellen die Folgen dieser Störung für alle Betroffenen dar und präsentieren das theoretische Konzept, das ihrem Training zugrunde liegt. Ein Kapitel zur Diagnostik und zu den allgemeinen Therapiezielen leitet über zum praktischen Teil des Trainings. Das Training selbst wird ausführlich dargestellt und mit Beispielen und Materialien untermauert.
Als besonders wichtig wird die Zusammenarbeit mit Lehrkräften in einem eigenen Kapitel gewürdigt. Für die Arbeit in der Schule kann man in diesem Buch vielfältige Anregungen finden. Allerdings ist zu bedenken, dass sich die Situation in einer Klasse von der einer Therapiegruppe wesentlich unterscheidet. Eine Eins-zu-eins-Übertragung wird nicht zum Erfolg führen.

Lauth, Gerhard, Schlottke, Peter & Naumann, Kerstin (1999): Rastlose Kinder, ratlose Eltern: Hilfen bei Überaktivität und Aufmerksamkeitsstörungen. München: dtv.
Praktischer Elternratgeber für die Bewältigung des Alltags mit Kindern mit Aufmerksamkeitsstörungen und Überaktivität. In verständlicher Form werden Hinweise zum Erscheinungsbild, zur Verbreitung und zu möglichen Ursachen und zur Diagnose gegeben. Die Autoren stellen sehr konkret und praxisnah Prinzipien zum Alltagsmanagement in der Familie dar und geben Anregungen für die Bewältigung von besonders kritischen Situationen, z. B. für die Hausaufgabensituation, Aushandeln von Verhaltensverträgen, Hinweise zur Aufstellung von Regeln, Bedeutung von Lob und Anerkennung. Ebenso wird auf die Bedeutung der Zusammenarbeit

mit der Schule hingewiesen. Es wird jeweils deutlich, worauf es bei den einzelnen Maßnahmen ankommt und wie betroffene Eltern und Kinder die Empfehlungen auf ihre Situation beziehen können. Darüber hinaus werden unterschiedliche Therapieansätze, einschließlich medikamentöser Behandlung, Diäten und motorischer Übungsbehandlung, in ihren Vor- und Nachteilen und Effekten diskutiert. Dass dabei einige „Alltagsweisheiten" infrage gestellt werden, macht das Buch umso interessanter.

Passolt, Michael (Hrsg.). (1993). Hyperaktive Kinder: Psychomotorische Therapie. München: Ernst Reinhardt Verlag.
Das Buch enthält mehrere Aufsätze über die Ursachen und die Erscheinungsweisen von hyperaktivem Verhalten. Es werden Therapiemöglichkeiten diskutiert und Möglichkeiten des Alltagsmanagements in Schule und Familie vorgestellt. Insbesondere werden die Einsatzmöglichkeiten der psychomotorischen Förderung angesprochen.

Passolt, Michael (Hrsg.). (1996). Mototherapeutische Arbeit mit hyperaktiven Kindern. München: Ernst Reinhardt Verlag.
In Fortführung des ersten Bandes von 1993 werden hier allgemeine Arbeitsprinzipien und konkrete Ansätze zur Arbeit mit aufmerksamkeitsgestörten Kindern vorgestellt. Es werden komplexe, psychomotorisch begründete Verfahren beschrieben, z. B. die Bewegungsbaustelle, Arbeit im Raum, die Bewegungslandschaft, das Pferd in der psychomotorischen Arbeit mit hyperaktiven Kindern. Gelungen ist in diesem Band die Verbindung von theoretischen Überlegungen und den daraus abgeleiteten praktischen Arbeitsvorschlägen, die sich gut für die eigene Praxis weiterentwickeln lassen.

Steinhausen, Hans-Christoph (1995). Hyperkinetische Störungen im Kindes- und Jugendalter.
In diesem Buch wird ein Überblick über den Stand der Forschung zum Problem der Hyperaktivität aus der Sicht der Klinischen Psychologie gegeben. Zunächst werden verschiedene Diagnoseverfahren vorgestellt. Im Anschluss daran stehen Beiträge, die die Frage nach der Ursache der Hyperaktivität thematisieren. Verschiedene Interventionsmaßnahmen, z. B. Möglichkeiten und Grenzen von Diätbehandlungen, kognitiv-verhaltenstherapeutische Behandlung, Elterntraining und Pharmakotherapie werden diskutiert. Abschließend werden Untersuchungen dargestellt, die Aufschluss über den Verlauf der Hyperaktivitätsstörung über das Kindes- und Jugendalter hinaus geben.

Wagner, Ingeborg (1998). Aufmerksamkeitstraining mit impulsiven Kindern. Eschborn: Verlag Dietmar Klotz, 7. Auflage.
Das Training beruht auf dem Modell der Selbststeuerung durch Selbstinstruktion und Selbstbekräftigung nach Meichenbaum. Diese Strategien sollen die Kinder durch das Modellverhalten der Erwachsenen bei konzentrationsfordernden Spielen (Memory, Mikado) vorgeführt bekommen und danach über die systematische Selbstinstruktion (z. B. Ziel- und Mittelanalyse; Selbstverstärkung durch Lob) auch selbst übernehmen. Auch in diesem Buch finden Lehrkräfte Anregungen für ihre Arbeit in der Klasse.